Das Tribschener Idyll

Nietzsche – Cosima – Wagner

Eine Text-Collage von
Dieter Borchmeyer

Insel Verlag

Erste Auflage 1998

Bildnachweis S. 103

Bezugspapier: Buntpapier, Lithographie, um 1905
Emil Hochdanz, Art. Anst.
Inventar-Nr. Be 314, [5]
Satz: Hümmer GmbH, Waldbüttelbrunn
Schrift: Mono-Baskerville
Druck: Nomos Verlagsgesellschaft, Baden-Baden
Printed in Germany
ISBN 3-458-19181-X

Julia und Dietrich Fischer-Dieskau
in Freundschaft zugeeignet

Naumburg, 8. Oktober 1868

Mein lieber Freund,

Der freundliche Spätsommer mit halbverkühltem Sonnenscheine und Müßiggang läuft nun ab, in Leipzig erwartet man mich, und ein Inserat im Tageblatt sucht ein ›feines‹ Garçonlogis für einen unverheirateten Gelehrten. Im übrigen nehme ich mir vor, etwas mehr Gesellschaftsmensch zu werden: insbesondre habe ich eine Frau aufs Korn genommen, von der mir Wunderdinge erzählt sind, die Frau des Professors Brockhaus, Schwester Richard Wagners: über deren Kapazitäten Freund Windisch eine erstaunliche Meinung hat. Kürzlich las ich auch die Jahnschen Aufsätze über Wagner. Es gehört etwas Enthusiasmus dazu, um einem solchen Menschen wie Wagner gerecht zu werden: während Otto Jahn einen instinktiven Widerwillen hat und nur mit halbverklebten Ohren hört. Jahn bleibt eben ein Gesunder, dem Tannhäusersage und Lohengrinatmosphäre eine verschlossene Welt sind. Mir behagt an Wagner, was mir an Schopenhauer behagt: die ethische Luft, der faustische Duft, Kreuz, Tod und Gruft.

Nietzsche an Erwin Rohde in Hamburg

Im fernen Land, unnahbar euren Schritten,
liegt eine Burg, die Montsalvat genannt;
ein lichter Tempel stehet dort inmitten,
so kostbar als auf Erden nichts bekannt;
drin ein Gefäß von wundertätgem Segen
wird dort als höchstes Heiligtum bewacht:
es ward, daß sein der Menschen Reinste pflegen,
herab von einer Engelschar gebracht;
alljährlich naht vom Himmel eine Taube,
um neu zu stärken seine Wunderkraft:

es heißt der Gral, und selig reinster Glaube
erteilt durch ihn sich seiner Ritterschaft.

Lohengrin, Dritter Akt

Am 2. November 1868 reist Richard Wagner nach Leipzig, um seine Schwester Luise und seinen Schwager Hermann Brockhaus zu besuchen.

Leipzig, 9. November 1868

Mein lieber Freund,

Am Freitag Abend war der erste Vortrag unseres philologischen Vereines für dies Semester angesetzt: und man hatte mich sehr höflich ersucht, diesen zu übernehmen. Als ich nach Hause kam, fand ich einen Zettel, an mich adressiert, mit der kurzen Notiz: Willst Du Richard Wagner kennen lernen, so komme um Dreiviertel Vier in das Café théâtre. Windisch. Ich lief natürlich hin, fand unsern Biederfreund, der mir neue Aufschlüsse gab. Wagner war im strengsten Incognito in Leipzig bei seinen Verwandten: die Presse hatte keinen Wind, und alle Dienstboten Brockhausens waren stumm gemacht wie Gräber in Livree. Ich sollte für Sonnabend Nachmittag eingeladen werden. Windisch und ich liefen also hin, fanden die Familie des Professors, aber Richard nicht, der mit einem ungeheuren Hute auf dem großen Schädel ausgegangen war. Hier lernte ich also besagte vortreffliche Familie kennen und bekam eine liebenswürdige Einladung für Sonntag Abend. In der Meinung, daß eine große Gesellschaft geladen sei, beschloß ich, große Toilette zu machen und war froh, daß gerade für den Sonntag mein Schneider mir einen fertigen Ballanzug versprochen hatte. Ich suchte den Schneider persönlich auf und fand

Nietzsche als Student in Leipzig. 1867

seine Sklaven heftig mit meinem Anzuge beschäftigt: man versprach in Dreiviertel Stunden ihn zu schicken. Ich ging vergnügter Dinge weg, las den Kladderadatsch und fand mit Behagen die Zeitungsnotiz, daß Wagner in der Schweiz sei, während ich wußte, daß ich ihn heute Abend sehen würde und daß gestern ein Brief vom kleinen Bayernkönig an ihn angekommen sei, mit der Adresse: »An den großen deutschen Tondichter Richard Wagner«. Zu Hause fand ich zwar keinen Schneider, las in aller Gemächlichkeit noch eine Dissertation und wurde nur von Zeit zu Zeit durch gellendes, aber aus der Ferne kommendes Läuten beunruhigt. Endlich wurde mir zur Gewißheit, daß an dem altväterlichen Gittertor jemand warte: es war verschlossen, ebenso wie die Haustür. Das Haus geriet in Aufregung, endlich wurde aufgeschlossen, und ein altes Männchen mit einem Paket kam zu mir. Es war halb sieben Uhr; es war Zeit, meine Sachen anzuziehn und Toilette zu machen, da ich sehr weit ab wohne. Richtig, der Mann hat meine Sachen, ich probiere sie an, sie passen. Verdächtige Wendung! Er präsentiert die Rechnung. Ich akzeptiere höflich: er will bezahlt sein, gleich bei Empfang der Sachen. Ich bin erstaunt, setze ihm auseinander, daß ich gar nichts mit ihm zu tun habe, sondern nur mit dem Schneider selbst, dem ich den Auftrag gegeben habe. Der Mann wird dringender; ich ergreife die Sachen und beginne sie anzuziehn: Gewalt meiner Seite, Gewalt seiner Seite! Szene. Ich kämpfe im Hemde: denn ich will die neuen Hosen anziehn. Endlich Aufwand von Würde, feierliche Drohung, Verwünschung meines Schneiders und seines Helfershelfers, Racheschwur: während dem entfernt sich das Männchen mit meinen Sachen. Ende des zweiten Akts: ich brüte im Hemde auf dem Sofa und betrachte einen schwarzen Rock, ob er für Richard gut genug ist. – Draußen gießt der Regen. – Ein Viertel auf Acht: um halb acht, habe ich mit

Richard Wagner. 1867

Windisch verabredet, wollen wir uns im Theatercafé treffen. Ich stürme in die finstre regnerische Nacht hinaus, auch ein schwarzes Männchen, ohne Frack, doch in gesteigerter Romanstimmung. Wir kommen in dem sehr behaglichen Salon Brockhaus an: es ist niemand weiter vorhanden als die engste Familie, Richard und wir beide. Ich werde Richard vorgestellt und rede zu ihm einige Worte der Verehrung: er erkundigt sich sehr genau, wie ich mit seiner Musik vertraut geworden sei, schimpft entsetzlich auf alle Aufführungen seiner Opern, mit Ausnahme der berühmten Münchener und macht sich über die Kapellmeister lustig, welche ihrem Orchester im gemütlichen Tone zurufen: »Meine Herren, jetzt wird's leidenschaftlich«, »Meine Gutsten, noch ein bißchen leidenschaftlicher!« Wagner imitiert sehr gern den Leipziger Dialekt.

Vor und nach Tisch spielte er alle wichtigen Stellen der »Meistersinger«, indem er alle Stimmen imitierte und dabei sehr ausgelassen war. Er ist nämlich ein fabelhaft lebhafter und feuriger Mann, der sehr schnell spricht, sehr witzig ist und eine Gesellschaft dieser privatesten Art ganz heiter macht.

Inzwischen hatte ich ein längeres Gespräch mit ihm über Schopenhauer: ach, und Du begreifst es, welcher Genuß es für mich war, ihn mit ganz unbeschreiblicher Wärme von ihm reden zu hören, was er ihm verdanke, wie er der einzige Philosoph sei, der das Wesen der Musik erkannt habe. Nachher las er ein Stück aus seiner Biographie vor; er schreibt übrigens außerordentlich gewandt und geistreich. Am Schluß, als wir beide uns zum Fortgehen anschickten, drückte er mir sehr warm die Hand und lud mich ein, ihn zu besuchen, um Musik und Philosophie zu treiben, auch übertrug er mir, seine Schwester und seine Anverwandten mit seiner Musik bekannt zu machen: was ich denn feierlich übernommen habe.

Nietzsche an Erwin Rohde

Cosima Wagner. Holzstich, 1867

Am folgenden Tag kehrt Wagner nach Tribschen bei Luzern zurück. Eine Woche später zieht Cosima von Bülow mit ihren Töchtern endgültig zu ihm nach Tribschen und führt von nun an ein Tagebuch über den gemeinsamen Haushalt. Nietzsche wird zu Beginn des Jahres 1869 zum außerordentlichen Professor für klassische Philologie in Basel ernannt.

12. Februar 1869

Es lebe die freie Schweiz, Richard Wagner und unsere Freundschaft. *Nietzsche an Erwin Rohde*

Am Pfingstmontag macht Nietzsche seinen Antrittsbesuch in Tribschen.

17. Mai 1869

Zu Tisch ein Philologe Professor Nietzsche, welchen Richard bei Brockhausens hat kennengelernt und welcher Richards Werke gründlich kennt und selbst aus »Oper und Drama« in seinen Vorlesungen zitiert. Ein ruhiger angenehmer Besuch… *Tagebuch Cosimas*

29. Mai 1869

Liebe Lisbeth,

Der Frau Brockhaus erzähle, daß ich ihren Bruder Richard Wagner am Pfingstmontag besucht habe und einen sehr angenehmen Mittag und Nachmittag mit ihm und Frau von Bülow erlebt habe. Tribschen ist ein allerliebstes Landhaus am Vierwaldstätter See, eine halbe Stunde von Luzern.

Nietzsche an seine Schwester

Tribschen bei Luzern, 20. Mai 1869

Sehr geehrter Herr,

Da Sie versprachen, Ihren freundlichen Besuch auf Tribschen zu wiederholen, werden Sie es verstehen, wenn ich Sie bitte, dies am nächsten Sonnabend (22ten Mai) zu tun. Es ist Herrn Wagners Geburtstag, und ich weiß, daß ich ihm eine wirkliche Freude bereite, wenn ich Sie einlade, an dem einfachen Ein Uhr-Tisch Platz zu nehmen und den übrigen Teil des Tages auf Tribschen zuzubringen, wo Sie auch übernachten können, wenn Sie mit einem einfachen Stübchen fürlieb nehmen wollen. Bitte lassen Sie es mich durch ein paar Worte wissen, ob Sie kommen können, und seien Sie freundlich gegrüßt, in hochachtungsvoller Ergebenheit: Cosima von Bülow.

Cosima an Nietzsche

29. Mai 1869

Mein lieber Freund,

Hier in Basel ist alles im besten Zuge. Sehr glücklich bin ich aber vornehmlich darüber, daß ich mit Richard Wagner auf das allerbeste bekannt geworden bin und am zweiten Pfingsttage einen Mittag und Nachmittag auf seine Einladung in seinem allerliebsten Landhause zugebracht habe, zusammen auch mit der gescheuten Frau von Bülow (Liszts Tochter). Letztere lud mich neulich auch zu Wagners Geburtstag ein, um ihm eine Überraschung zu machen: leider mußte ich Nein sagen, als Dozent, nach dem Standpunkte der Tugend. Wagner ist wirklich alles, was wir von ihm gehofft haben: ein verschwenderisch reicher und großer Geist, ein energischer Charakter und ein bezaubernd liebenswürdiger Mensch, von dem stärksten Wissenstriebe. Ich muß ein Ende machen: sonst singe ich einen Päan.

Nietzsche an Erwin Rohde in Italien

Wagners Haus in Tribschen. Vor 1867

22. Mai 1869

Nachts Richards Büste aufgebaut inmitten Blumen. Am frühen Morgen bläst Hans Richter die Siegfried-Weise. Dann werden die Kinder als Friedensboten aufgestellt. Richard sehr überrascht und erfreut. Ich möchte nur weinen. Wie ein Traum vergeht dieser Tag.

Tagebuch Cosimas

Basel am 22. Mai 1869

Sehr verehrter Herr,

wie lange habe ich schon die Absicht gehabt, einmal ohne alle Scheu auszusprechen, welchen Grad von Dankbarkeit ich Ihnen gegenüber empfinde; da sich tatsächlich die besten und erhobensten Momente meines Lebens an Ihren Namen knüpfen und ich nur noch einen Mann kenne, noch dazu Ihren großen Geistesbruder Arthur Schopenhauer, an den ich mit gleicher Verehrung denke. Ich freue mich, Ihnen an einem festlichen Tage dies Bekenntnis ablegen zu können und tue dies nicht ohne ein Gefühl des Stolzes. Denn wenn es das Los des Genius ist, eine Zeitlang nur paucorum hominum zu sein: so dürfen doch wohl diese pauci sich in einem besonderen Grade beglückt und ausgezeichnet fühlen, weil es ihnen vergönnt ist, das Licht zu sehen und sich an ihm zu wärmen, wenn die Masse noch im kalten Nebel steht und friert. Nun habe ich es gewagt, mich unter die Zahl dieser pauci zu rechnen, nachdem ich wahrnahm, wie unfähig fast alle Welt, mit der man verkehrt, sich zeigt, wenn es gilt, Ihre Persönlichkeit als Ganzheit zu fassen, den einheitlichen tiefethischen Strom zu fühlen, der durch Leben, Schrift und Musik geht, kurz, die Atmosphäre einer ernsteren und seelenvolleren Weltanschauung zu spüren, wie sie uns armen Deutschen durch alle möglichen Miseren über Nacht abhandengekommen war. Wie gern würde ich an dem heutigen Tage in Ihrer See- und Bergeinsamkeit erschienen sein, wenn nicht die leidige Kette meines Berufs mich in meiner Basler Hundehütte zurückhielte. Schließlich habe ich noch die Bitte auszusprechen, der Frau Baronin von Bülow bestens empfohlen zu werden und mich selbst zeichnen zu dürfen als Ihren treusten und ergebensten Anhänger und Verehrer Dr. Nietzsche, Professor in Basel.

Nietzsche an Richard Wagner

23. Mai 1869

Richard hat Gratulations-Briefe von Nohl, Lang, vom Philologen Nietzsche (sehr schöner Brief) und vom Postmeister Wikkerle aus Schwerin. Alle sonstigen Freunde und Verwandten haben geschwiegen. *Tagebuch Cosimas*

3. Juni 1869

Geehrtester Freund,

Haben Sie – wenn auch etwas spät – großen und herzlichen Dank für Ihren schönen und bedeutenden Brief! Hatte ich damals gewünscht, daß Sie mich besuchten, so wiederhole ich Ihnen heute eindringlich die frei gemeinte Einladung, welche ich bei unsrem Abschied vor dem ›Rößli‹ mündlich an Sie richtete. Kommen Sie doch – nur mit einer Zeile vorangehender Meldung – zum Beispiel Sonnabend Nachmittag, bleiben Sie Sonntag, und kehren am Montag früh zurück: das vermag doch etwa jeder Handwerker, um so viel mehr doch ein Professor. Nun lassen Sie sehen, wie Sie sind. Viel wonnige Erfahrungen habe ich noch nicht an deutschen Landsleuten gemacht. Retten Sie meinen nicht ganz unschwankenden Glauben an das, was ich – mit Goethe und einigen andren – deutsche Freiheit nenne. – Herzlichen Gruß von Ihrem ergebnen Richard Wagner. *Wagner an Nietzsche*

Während des zweiten Besuchs von Nietzsche in Tribschen, am 6. Juni 1869, wird Siegfried, genannt Fidi, Cosimas und Richard Wagners drittes Kind geboren.

5. Juni 1869

Der Philologe Professor Nietzsche meldet sich an, Richard wollte ihm absagen, ich meinte, es ist besser, daß er kommt. *Tagebuch Cosimas*

Die folgenden Tagebuchaufzeichnungen während der Geburt Siegfrieds stehen in Cosimas Tagebuch in der Handschrift Richard Wagners:
Mit Nietzsche den Abend erträglich zugebracht. Gegen 11 Uhr Gute Nacht gesagt. *6. Juni*: Um 1 Uhr zu Richard hinunter, um ihn zu unterrichten und zunächst zu bestimmen, kein Aufsehen zu machen, keine Abänderung der beschlossenen Tagesordnung eintreten zu lassen und Nietzsche zum Mittagessen mit den Kindern zu behalten. Um Mittag mußte mich Richard verlassen, um mit Nietzsche und den Kindern das Mittagsmahl abzuhalten.

Juni 1869

Liebe Mutter,

nun laß Dir wieder einmal etwas erzählen von Deinem Sohne dem freien Schweizer, und zwar nur Angenehmes und Erfreuliches, eitel ›Milch und Honigseim‹: ein Gleichnis, das uns unsre Schweizer Frühstückssitte ganz besonders nahe bringt. Von äußerster Wichtigkeit ist, daß ich ja den ersehnten Freund und Nachbarn in Luzern habe, zwar nicht nahe genug, aber doch immer nur so weit, daß jeder freie Tag zu einer Zusammenkunft benutzt werden kann. Dies ist Richard Wagner, der als Mensch durchaus von gleicher Größe und Singularität ist wie als Künstler. Mit ihm und der genialen Frau von Bülow (Tochter Liszts) zusammen habe ich nun schon mehrere glückliche Tage verlebt. Wagners Villa, am Vierwaldstätter See gelegen, am Fuße des Pilatus, in einer bezaubernden See- und Gebirgseinsamkeit, ist, wie Du Dir denken kannst, vortrefflich eingerichtet: wir leben dort zusammen in der angeregtesten Unterhaltung, im liebenswürdigsten Familienkreise und ganz entrückt von der gewöhnlichen gesellschaftlichen Trivialität. Dies ist für mich ein großer Fund.

Nietzsche an Franziska Nietzsche in Oelsnitz

31. Juli 1869

Besuch des Professor Nietzsche; ein wohlgebildeter und angenehmer Mensch. *Tagebuch Cosimas*

4. August 1869

Du glaubst gar nicht, mein lieber Freund, wie sehr mich Dein letzter Brief gerührt hat und wie deutlich ich das Gefühl unseres Zusammengehörens empfand. Dazu habe ich einen Menschen gefunden, der wie kein anderer das Bild desssen, was Schopenhauer »das Genie« nennt, mir offenbart. Dies ist kein anderer als Richard Wagner, über den Du kein Urteil glauben darfst, das sich in der Presse, in den Schriften der Musikgelehrten usw. findet. In ihm herrscht eine so unbedingte Idealität, eine solche tiefe und rührende Menschlichkeit, ein solcher erhabener Lebensernst, daß ich mich in seiner Nähe wie in der Nähe des Göttlichen fühle. *Nietzsche an Carl von Gersdorff*

Blick auf Tribschen mit Pilatus

19. September 1869

Kaffee mit Professor Nietzsche; leider verdrießt dieser Richard sehr durch ein Gelübde, das er getan hat, kein Fleisch und nur Vegetabilien zu essen. Richard hält dies für Unsinn, auch für Hochmut, und wie ihm der Professor sagt, es sei doch von ethischer Wichtigkeit, keine Tiere zu essen, antwortet Richard: »Unsere ganze Existenz ist ein Kompromiß, den man nur dadurch sühnen kann, daß man etwas Gutes zustande bringt. Das bloße Milchtrinken tut es nicht, dann werdet Asketen. Um etwas Gutes zu tun in unserem Klima, bedürfen wir einer guten Nahrung.«

Da der Professor Richard recht gibt und doch bei seiner Abstinenz bleibt, wird Richard böse. »Sie sind ein Esel!«

Tagebuch Cosimas

28. September 1869

Mein lieber Freund,

Ich bin bereits wieder überzeugt, daß die Pflanzenkost-Weltanschauung eine Marotte ist, noch dazu eine recht bedenkliche. Ich verlebte nämlich wieder, wie ich es jetzt häufig tue, ein paar Tage bei einem, der jahrelang dieselbe Abstinenz geübt hat und davon reden darf, nämlich bei Richard Wagner. Und er hat mir, nicht ohne wärmste Beteiligung seines Gemüts und mit kräftigster Ansprache, alle die inneren Verkehrtheiten jener Theorie und Praxis vorgeführt. Gewiß ist die Achtung vor dem Tiere ein den edlen Menschen zierendes Bewußtsein: aber die so grausame und unsittliche Göttin Natur hat eben mit ungeheurem Instinkt uns Völkern dieser Zonen das Entsetzliche, die Fleischeskost aufgezwungen, während in den warmen Gegenden, wo die Affen von Planzenkost leben, auch die Menschen mit ihr sich genügen lassen. Auch bei uns ist bei besonders kräftigen und stark körperlich tätigen Menschen eine reine Pflanzenkost möglich, indes nur mit gewaltigem Auflehnen gegen die Natur: die sich auch in ihrer Art rächt, wie es Wagner persönlich auf das allerstärkste empfunden hat. Er selbst glaubt längst nicht mehr zu leben, wenn er in jener Ernährungsart fortgefahren wäre. Der Kanon, den die Erfahrung auf diesem Gebiete gibt, ist der: geistig produktive Naturen *müssen* Fleisch haben. Die andere Lebensweise bleibe den Bäckern und Bauern, die nichts als Verdauungsmaschinen sind.

Nietzsche an Carl von Gersdorff

19. Oktober 1869

Sehr geehrter und lieber Herr Professor,

Es liegt mir daran, Ihnen noch in der Heimat einen Gruß aus Tribschen zukommen zu lassen. Glück auf zum Fleisch-

Essen! Sie sollen sehen, was wir dem heimkehrenden verlorenen Sohn Tribschens für ein fettes Kalb schlachten! – Was Sie über den unbewußten Intellekt sagen, habe ich verstanden und nachempfunden. Wie oft habe ich mit unumstößlicher Sicherheit gehandelt, da wo ich gar nichts erklären konnte; das Unerschütterliche im Menschen ist gewiß das Unaussprechliche. – Was unsere Stimmung betrifft, so glaube ich, daß wir uns Sancho Pansas tiefsinnige Logik zu Gemüte gezogen haben: die Traurigkeit ist nicht für die Tiere gemacht, sondern für die Menschen; wenn ihr aber die Menschen zu sehr nachhängen, so werden sie zu Tieren. Und so sind wir denn heiter ohne besondere äußere Veranlassung, denn selbst die Privatverhältnisse stoßen auf die herkömmlichen Langwierigkeiten, und wie es mit der Kunst da draußen steht, wissen Sie ja. Sonst kann ich Ihnen nichts Besondres melden; wie es auf Tribschen hergeht, wissen Sie ja, die herbstliche Physiognomie mit dem heimischen Kuhläuten müssen Sie aber noch kennenlernen. Nun wissen Sie aber auch alles, lieber Herr Professor, und wie wir Ihrer gedenken in unserem Stilleben, wissen Sie auch. Sie sind uns ein Tribschner, und bei der materiellen wie moralischen Abgeschiedenheit unsres Hofes will das viel sagen. Leben Sie recht wohl und lassen Sie bald wieder von sich hören, der Meister und ich grüßen Sie auf das freundlichste, in herzlicher Ergebenheit Cosima von Bülow.

Cosima an Nietzsche in Naumburg

5. November 1869

Richard nimmt Siegfried auf den Arm und spielt eine lange Zeit mit ihm; er sagt mir: »Wir werden Siegfried später weggeben müssen. Zur Zeit, wo er zum Mann wird, muß er unter Menschen kommen, da muß er die Adversität kennenlernen, sich herumbalgen, die Ungezogenheiten begehen, sonst wird er zum Phantasten, vielleicht zum Crétin, wie wir so etwas an dem König von Bayern sehen.« »Aber wo soll er bleiben?« »Bei Nietzsche – da, wo Nietzsche Professor sein wird. Wir werden von weitem zusehen, wie Wotan der Erziehung von Siegfried zusieht. Er wird bei Nietzsche zweimal die Woche Freitisch haben, und alle Sonnabende werden wir Berichte erwarten.« *Tagebuch Cosimas*

17. Februar 1870

Professor Nietzsches Stimmung flößt uns Besorgnis ein. Richard: »Ich fürchte, daß die Philosophie Schopenhauers am Ende einen schlimmen Einfluß auf solche jungen Leute hat, weil sie den Pessimismus, welcher eine Form des Denkens, der Anschauung ist, auf das Leben wenden und sich daraus eine praktische Hoffnungslosigkeit bilden.« *Tagebuch Cosimas*

20. Februar 1870

Lieber Herr Professor,

Ich weiß nicht, warum mir eine wehmütige Stimmung nach Ihrem letzten Besuch hinterblieben war. Die Zahnschmerzen, so sehr ich Sie darum bedauert habe, waren daran nicht Schuld, daß Sie mir trüb, ja beinahe düster erschienen sind. Da habe ich denn über Pessimismus, Schopenhauersche Philosophie (so weit ich diese kenne) und Hoffnungslosigkeit nachgedacht, und es wollte mich dünken, daß wenn diese richtigen Formen des Denkens und diese sichere Art der Anschauung nur im mindesten mit dem Leben in Kontakt gebracht werden, eine große Gefahr im Anzug ist. Ich ruf Ihnen nur zu, sich die Hoffnung immer heilig zu wahren, den Mut und den

Glauben, von welchem Goethe (gewiß kein Optimist!) die Besiegung der stumpfen Welt und das endliche Kommen des Edlen erwartet. *Cosima an Nietzsche*

Februar 1870

Lieber Freund!

Ich habe jetzt Niemand, mit dem ich es so ernst nehmen könnte, als mit Ihnen – die Einzige ausgenommen. Sie könnten mir viel, ja ein ganzes Halbteil meiner Bestimmung abnehmen. Und dabei gingen Sie vielleicht ganz *Ihrer* Bestimmung nach. Sehen Sie, wie elend ich mich mit der Philologie abgefunden habe, und wie gut es dagegen ist, daß Sie sich ungefähr ebenso mit der Musik abgefunden haben. Wären Sie Musiker geworden, so würden Sie ungefähr das geworden sein, was ich geworden wäre, wenn ich mich auf die Philologie obstiniert hätte. Nun liegt mir aber die Philologie – als bedeutungsvolle Anlage – immer in den Gliedern, ja sie dirigiert mich als ›Musiker‹. Nun bleiben Sie Philolog, um als solcher sich von der Musik dirigieren zu lassen. Was ich hier sage, ist ernstlich gemeint. Das habe ich von Ihnen selbst, wie unwürdig der Kreis ist, in welchem solch ein Fach-Philolog sich heute herumdrehen kann, – und von mir werden Sie kennengelernt haben, in welchem Zahlenkram im Grunde ein absoluter Musiker (besten Falls!) jetzt sich vertut. Nun zeigen Sie denn, zu was die Philologie da ist, und helfen Sie mir, die große ›Renaissance‹ zustande zu bringen, in welcher Platon den Homer umarmt, und Homer, von Platons Ideen erfüllt, nun erst recht der allergrößte Homer wird. Das sind so Gedanken, die mir ankommen, seit ich Sie lieb gewonnen habe. Von Herzen Ihr Richard Wagner. *Wagner an Nietzsche*

21. Mai 1870

Pater Seraphice,

wie es mir voriges Jahr nicht beschieden war, Augenzeuge Ihrer Geburtstagsfeier zu sein, so hält mich auch jetzt wieder eine ungünstige Konstellation davon ab; die Feder drängt sich mir heute widerwillig in die Hand, während ich gehofft hatte, eine Maienfahrt zu Ihnen machen zu können. Gestatten Sie mir, daß ich den Kreis meiner Wünsche heute so eng und persönlich wie nur möglich fasse. Andere mögen im Namen der heiligen Kunst, im Namen der schönsten deutschen Hoffnungen, im Namen Ihrer eigensten Wünsche ihre Gratulationen zu bringen wagen; mir genüge der subjektivste aller Wünsche: mögen Sie mir bleiben, was Sie mir im letzten Jahre gewesen sind, mein Mystagog in den Geheimlehren der Kunst und des Lebens. Mag ich auch zeitweilig durch die grauen Nebel der Philologie hindurch Ihnen etwas entfernt erscheinen, ich bin es nie, meine Gedanken sind immer um Sie herum. Wenn es wahr ist, was Sie einmal – zu meinem Stolze – geschrieben haben, daß die Musik mich dirigiere, so sind Sie jedenfalls der Dirigent dieser meiner Musik; und Sie haben es mir selbst gesagt, daß auch etwas Mittelmäßiges, *gut* dirigiert, einen befriedigenden Eindruck machen könne. In diesem Sinne bringe ich den seltensten aller Wünsche: es mag so bleiben, der Augenblick verharre: er ist so schön! Ich verlange nur dies vom nächsten Jahre, daß ich mich selbst Ihres tapferen Zuspruchs nicht unwürdig erweisen möge. Nehmen Sie diesen Wunsch mit unter die Wünsche auf, mit denen Sie das neue Jahr beginnen! Einer der ›seligen Knaben‹.

Nietzsche an Wagner

23. Mai 1870

Geehrtester Herr Professor,

Ihre wunderschönen Rosen sind noch am Samstag Abend eingetroffen, und vielmals danke ich Ihnen, meine Bitte so vortrefflich erfüllt zu haben. Ihr schöner Brief an »Pater Seraphicus« läßt mich annehmen, daß Sie gern etwas vom Tribschener 22. Mai hören werden. So will ich Ihnen denn erzählen, daß von der Ankunft der Rosen an (9 Uhr abends) bis drei Uhr in der Nacht ich mit sechs Gärtnern das Treppenhaus in eine große Laube verwandelt hatte; am Fuß derselben war die Büste Wagners unter einem blühenden Oleander und von Blumen aller Arten, mehr noch erdrückt als umgeben, gestellt. Die Kinder in weißen Kleidern mit Rosenkränzen hatte ich am Morgen so verteilt: Loldi und Eva an der oberen Eingangstür, unter Orangenbäumen; Boni unter einem großen Lorbeer auf der Mitte der Treppe; Loulou am Schluß des Aufbaues im Vestibule unter Myrten, ich selbst mit Fidi auf dem Schoß bei der Büste an der Schwelle des Eßzimmers. Um acht Uhr waren meine 45 Soldaten in Uniform unter der großen Tanne im Garten, und der Huldigungsmarsch (dessen Proben ich in der Kaserne beigewohnt hatte, wegen des *Tempos*) begann. Beinahe bereute ich die kleine Feierlichkeit, da der Meister derart überrascht und ergriffen davon war, daß ich ängstlich wurde.

Zum Nachmittag hatte ich eine eigene Feier erdacht; Loulou besaß fünf Vögel, welche sie besonders liebte; lange eingehende Gespräche mit ihr hatten sie zu dem festen Entschluß gebracht, an Onkel Richards Geburtstag ihnen die Freiheit zu geben. Die Älteste sagte in einem Gedichtchen ihren Vögeln Lebewohl; rasch flog der Fink davon; da die andren zögerten, nahmen wir den Käfig in den Garten, wo bald drei Zeisige den Bäumen zueilten, nur ein Buchfink blieb, und mit Trauer erzähle ich Ihnen sein Los; nicht hörte er auf den Ruf seiner Brüder, die vom Baume ihn lockten, er blieb auf seiner Stange. Die Katze fürchtend sagten wir Jakob, ihn auf einen Busch zu stellen; das geschah, allein wahrscheinlich gelähmt durch Furcht flog er nach unten statt nach oben, Jakobs Hund erwischte ihn, mit seinem Tode hat der Kleine die Freiheit seiner Brüder bezahlt. Unsre Stimmung können Sie erraten, wie erbärmlich steht der Mensch mit seinem bißchen guten Willen dem Schicksal gegenüber. So hat der arme Vogel die Zeche unseres Festes bezahlt, ein eigenes Glied hätte ich gern daran gegeben, er hätte es nicht gemußt. Von Fröhlichkeit wollt ich berichten, und *so* endet der Bericht, das ist nun einmal nicht anders!

Die Rosen haben wundervoll geblüht und geduftet, hoffentlich sehen Sie sie bald selbst. Leben Sie wohl und gedenken Sie unser, Ihr Andenken lebt bei uns. *Cosima an Nietzsche*

4. Juni 1870

Mein werter Freund!

Von teurer Hand wurde Ihnen bereits berichtet, wie sehr der »selige Knabe« dem »Pater Seraphicus« willkommen war: gewiß zweifelten Sie am wenigstens daran. Hier geht es gut. Morgen gedenke ich die Skizzen des ersten Aktes von »Siegfried« (»Götterdämmerung« wollte ich sagen) zu beendigen. Übermorgen feire ich den ersten Geburtstag meines Sohnes, und zugleich den Gedächtnistag Ihres ersten Aufenthaltes in meinem Hause. Mögen die Sterne über dieser doppelten Gedächtnisfeier gütig walten! Mir schien es damals, Sie hätten meinem Sohne Glück gebracht. Seitdem ist ein schwieriges, innerlich aber reich beglückendes Jahr vorübergegangen, und endlich scheint es, daß dem Gestirne meiner Geburt – dem

Stiere – auch Rechnung getragen werden soll: dem Ausdauernden wird sein Teil werden. In wenigen Monaten darf ich hoffen, die großherzige Mutter meines Sohnes als Gattin mir auch angetraut zu sehen. Leben Sie wohl, und seien Sie vor allem heiter, und zwar alt-, nicht neugriechisch! Von Herzen grüßt Sie Ihr ergebener Richard Wagner.

Wagner an Nietzsche

Von Ihnen weiß ich es, mein verehrter Freund, von Ihnen allein, daß Sie mit mir einen wahren und einen falschen Begriff der »griechischen Heiterkeit« unterscheiden und den letzteren – den falschen – im Zustande ungefährdeten Behagens auf allen Wegen und Stegen antreffen; von Ihnen weiß ich gleichfalls, daß Sie es für unmöglich halten, von jenem falschen Heiterkeitsbegriffe aus zur Einsicht in das Wesen der Tragödie zu kommen. Uns hat die griechische Kunst gelehrt, daß es keine wahrhaft schöne Fläche ohne schreckliche Tiefe gibt. *Nietzsche: Fragment eines Vorworts an Richard Wagner*

24. Juni 1870

Geehrtester Herr Professor,

Wie hat mich die Widmung der mir freundlich zugesendeten Vorträge »Das griechische Musikdrama« und »Sokrates und die Tragödie« gerührt! Haben Sie Dank! Ich habe den Vortrag über das Musikdrama in diesen Tagen gelesen und kann Ihnen nur wiederholen, daß ich denselben als unentbehrliche Vorhalle zu dem Gebäude Ihres Sokrates betrachte. Jetzt wurzelt Ihr breitgeästeter Baum in der herrlichsten Vergangenheit, in der Heimat alles Schönen und ragt mit seiner Krone in den schönsten Traum der Zukunft.

Die Kinder grüßen, Sie wissen *wie*. Für Fidi muß *ich* eintreten und Ihnen danken; wahren Sie ihm Ihre Teilnahme, er wird auch Liebe bedürftig sein in einer lieblosen Welt. Leben Sie wohl und seien Sie unserer herzlichsten Gesinnungen versichert. Cosima von Bülow. *Cosima an Nietzsche*

Am 15. Juli 1870 beschließt das französische Parlament den Krieg gegen Preußen.

16. Juli 1870

Hier ein furchtbarer Donnerschlag: der französisch-deutsche Krieg ist erklärt, und unsere ganze fadenscheinige Kultur stürzt dem entsetzlichen Dämon an die Brust. Was werden wir erleben. Wir werden wieder Klöster brauchen. Und wir werden die ersten fratres sein. *Nietzsche an Erwin Rohde*

Die Basler Erziehungsbehörde erteilt Nietzsche die Erlaubnis, als Krankenpfleger im Krieg zu dienen.

16. August 1870

Gott sei mit Ihnen lieber Freund! Sie werden der Aufgabe nicht unterliegen und werden den tätigen Anblick des Leidens eher ertragen als die untätige Vorstellung desselben. Mir hilft kein Sieg zur Freude, nur klaffende Wunden sehe ich, in der klaffenden ewigen Wunde des Daseins, wo ein Krieg möglich, notwendig ist. Einzig hilft der Gedanke, daß die unsrigen selig sterben und leiden, selig wie sie nimmermehr gelebt hätten. Haben Sie Dank für das treue Gedenken, unsre Liebe folgt

Richard Wagner und Cosima. 1872

Ihnen. Sehr betrübt wäre ich gewesen, hätten Sie mitgekämpft, selbst für organisierte Verpflegung schienen Sie mir nicht nötig, aber wie Sie gehen und tätig sind, ist es recht und schön! Ein Wort von Ihnen wird uns immer unschätzbar sein. Gott weiß, was ich Ihnen schreibe, ich bin unsäglich ergriffen. Leben Sie wohl, seien Sie von allen guten Geistern beschützt! Cosima. *Cosima an Nietzsche*

Während der Abwesenheit Nietzsches auf dem Kriegsschauplatz werden Richard und Cosima Wagner, nachdem Hans von Bülow in die Scheidung seiner Ehe eingewilligt hat, am 25. August kirchlich getraut; am 4. September folgt die Taufe Siegfrieds.

11. September 1870

Lieber und verehrter Meister,

So ist denn, mitten im Ungewitter, Ihr Haus fertig geworden und fest begründet. Ich habe auch in der Ferne dieses Ereignisses immer unter Segenswünschen gedacht und bin sehr beglückt, aus den Zeilen Ihrer von mir so geliebten Frau Gemahlin zu ersehen, daß die Möglichkeit, diese Feste zu begehen, schließlich doch noch schneller kam als vielleicht – bei unserem letzten Zusammensein – zu argwöhnen war. Sie wissen, welcher Strom mich aus Ihrer Nähe fortgerissen hat, so daß ich nicht Augenzeuge so heiliger und ersehnter Handlungen sein konnte. Meine Hülfstätigkeit hat einen einstweiligen Abschluß gefunden, leider durch Krankheit. In Ars sur Moselle übernahmen wir die Pflege von Verwundeten und kehrten dann mit diesen nach Deutschland zurück. Dieses dreitägige und dreinächtige Zusammensein mit Schwerverwundeten war der Höhepunkt unserer Anstrengungen. Ich hatte einen elenden Viehwagen, in dem sechs Schwerleidende lagen, allein während jener Zeit zu besorgen, zu verbinden, zu verpflegen usw. Alle mit zerschossenen Knochen, mehrere mit vier Wunden; dazu konstatierte ich bei zweien noch Wunddiphteritis. Daß ich es in diesen Pestdünsten aushielt, selbst zu schlafen und zu essen vermochte, erscheint mir jetzt wie ein Zauberwerk. Kaum aber hatte ich meinen Transport an ein Karlsruher Lazarett abgeliefert, stellten sich auch bei mir ernstliche Zeichen von Unwohlsein ein. Mit Mühe kam ich nach Erlangen. Dann legte ich mich zu Bett und liege noch jetzt. Ein tüchtiger Arzt erkannte als mein Leiden einmal eine sehr starke Ruhr und sodann Rachendiphteritis. Wir sind aber mit der größten Energie gegen beide ansteckende Übel vorgegangen, und es ist heute gute Hoffnung zu melden. Mit zwei jener berüchtigten Lazarettseuchen habe ich also auf eins Bekanntschaft gemacht; sie haben so schwächend und entkräftigend auf mich in kurzer Zeit gewirkt, daß ich zunächst alle meine Hülfstätigkeit aufgeben muß und an meine Gesundheit allein zu denken veranlaßt werde. So bin ich nach einem kurzen Anlauf von vier Wochen, ins Allgemeinere zu wirken, bereits auf mich selbst wieder zurückgeworfen – recht elend. Ihrer verehrten Frau Gemahlin lege ich meine innigsten Glückwünsche zu Füßen. Dem Täufling ein fröhliches Glückauf! Glückauf dem ganzen Tribschener Haus! Ihr getreuer Friedrich Nietzsche.

Nietzsche an Wagner aus dem Lazarett in Erlangen

18. September 1870

Geehrtester Herr Professor,

So wäre denn ein Teil Sorge uns genommen, und dafür hat man von Herzen zu danken, in dieser schweren Zeit! Wir waren um Sie bekümmert, und haben es oft miteinander besprochen, daß Sie doch eigentlich nicht hätten ziehen sollen. Ich weiß, daß es Erfahrungen gibt, die unser Inneres auf ewig stempeln, gleich dem Zeichen, das dem armen Züchtling mit glühendem Eisen aufgedrückt wurde! In dieser Überschwemmung des Leidens lassen Sie uns nur so tief und groß denken als möglich; lassen Sie uns erkennen, daß der Krieg den Kern alles Daseins – das Leiden – nur auf die Oberfläche bringt, und so uns von sündiger Lethargie und Mitleidslosigkeit weckt, lassen Sie uns denken, daß er die Menschen größer macht als sie sind, und daß wir mit Ruhe diejenigen vermissen sollen, denen das Schicksal einen erhabenen Tod, statt eines sicher gequälten, wahrscheinlich unbedeutenden Lebens verhängt hat.

Auf Tribschen geht es nach wie vor, die Kinderchen munter, der Meister tätig. Mir kommt schon lange mein hiesiges Dasein wie eine himmlische Befreiung vom Leben überhaupt vor; nur klirren vergangene Schmerzen immer nach, als ob gleichsam man im Leben nie vollkommen befreit werden dürfte und die Kette der früheren Leiden als Erinnerung immer nach sich ziehen müßte.

Siegfried benahm sich nicht zum Besten bei der Taufe; zuerst plapperte er, und schließlich – wie es auf die Herabkunft des Heiligen Geistes ankam, weinte er. Doch ist er jetzt ein Christ; und hat er dem Pfarrer nicht viel Freude gemacht, so wird er hoffentlich unsrem Heiland treu bis ans Kreuz bleiben. Seien Sie gegrüßt vom gesamten Tribschen, wo Kinder, Leute, Kapellmeister und andre Meister (mich nennt man die Meisterin) den lebhaftesten Anteil an Ihrem Schicksal genommen haben. Lassen Sie mich bald wissen, daß die erste Erschütterung überstanden ist, und grüßen Sie bitte die Ihrigen bestens von Cosima Wagner. *Cosima an Nietzsche*

7. November 1870

Mein lieber Freund,

Vor dem bevorstehenden Kulturzustande habe ich die größten Besorgnisse. Wenn wir nur nicht die ungeheuren nationalen Erfolge zu teuer in einer Region bezahlen müssen, wo *ich* wenigstens mich zu keinerlei Einbuße verstehen mag. Im Vertrauen: ich halte das jetzige Preußen für eine der Kultur höchst gefährliche Macht. Es ist mitunter recht schwer, aber wir müssen Philosophen genug sein, um in dem allgemeinen Rausch besonnen zu bleiben. *Nietzsche an Gersdorff*

24. Oktober 1870

Professor Nietzsche, der wieder genesen nach Basel zurückgekehrt ist, meldet Befürchtungen für die kommende Zeit, daß der Militarismus und vor allem der Pietismus auf allem drükken werde. Richard sehr aufgebracht bei diesem Gedanken: »Alles gestatte ich, Gendarm, Soldat, Knebelung der Presse, Reduktion des Parlamentarismus, nur keinen Obskurantismus.« *Tagebuch Cosimas*

12. Dezember 1870

Liebe Mutter und Schwester,

schönsten Dank für Eure angenehmen Briefe. Ich verlebe die Ferien in Tribschen, wo man es gar nicht verstehen würde, wenn ich fehlte. Auch werden dort schöne Musikvorbereitungen gemacht. Wagner hat eine Tribschener Symphonie komponiert zur Geburtstagsfeier seiner Frau (am ersten Feiertage). Mit Weihnachtsgeschenken bin ich in Verlegenheit. Wagner will ich eine geschriebene Abhandlung schenken. Aber für Frau Wagner habe ich gar nichts. Habt Ihr einen Einfall, so schreibt mir auf das Schnellste. Mit den herzlichsten Grüßen Euer Fritz.

Nietzsche an Franziska und Elisabeth Nietzsche

Weihnachten 1870

Samstag, den 24. Um fünf Uhr bringt Richard Professor Nietzsche von der Stadt mit, um sieben Uhr zünden wir den Weihnachtsbaum an. Es ist das erste Weihnachten, an welchem ich Richard nichts beschere und nichts von ihm erhalte – und so ist es recht. *Sonntag den 25.* Von diesem Tag, meine Kinder, kann ich euch nichts sagen, nichts von meinen Empfindungen, nichts von meiner Stimmung, nichts, nichts. Dürr und trocken will ich euch nur sagen, was geschah: Wie ich aufwachte, vernahm mein Ohr einen Klang, immer voller schwoll er an, nicht mehr im Traum durfte ich mich wähnen, Musik erschallte, und welche Musik! Als sie verklungen, trat Richard mit den fünf Kindern zu mir ein und überreichte mir die Partitur des »Symphonischen Geburtstagsgrußes« –, in Tränen war ich, aber auch das ganze Haus; auf der Treppe hatte Richard sein Orchester aufgestellt und so unser Tribschen auf ewig geweiht! Das »Tribschner Idyll« so heißt das Werk. Nach dem Frühstück stellte das Orchester sich wieder ein, und in der unteren Wohnung ertönte nun die Idylle wieder, zu unserer aller Erschütterung. »Laß mich sterben«, rief ich Richard zu. Er erwiderte mir: »Es wäre leichter für mich zu sterben als für mich zu leben.«

Montag, den 26. Den ganzen Tag bin ich wie im Traum, der Geist lauscht nach den verklungenen Klängen und gebärt sie sich wieder, das Herz, erdrückt von seinen Empfindungen, sucht Erlösung in der Musik; Dämmerung-Traum entsteht, nichts mehr sehen, alles hören in tiefster Stille, Liebeswalten,

Zerfließen der Schranken, Daseins Unbewußtheit – »höchste Lust« –. Abends liest uns Richard im Manuskript, das mir Professor Nietzsche als Geburtstagsgabe dargereicht hat, sie ist betitelt »Die Entstehung des tragischen Gedankens«; die Tiefe und Großartigkeit der in gedrängtester Kürze gegebenen Anschauungen ist ganz merkwürdig; wir folgen seinem Gedankengang mit größtem und lebhaftestem Interesse.

Tagebuch Cosimas

30. Dezember 1870

Freitag, Tribschen im Unheilsjahre 1870

Meine liebe Mutter und Schwester,

Zum Jahreswechsel empfangt meine Wünsche, die diesmal besonders lebhaft sind, weil wir alle die stillen und lauten Befürchtungen haben, daß wir einer noch schlimmeren Zeit entgegengehen als die gegenwärtige ist. Die *Nachwirkungen* des Krieges sind mehr zu fürchten als der Krieg selber mit seinen ungeheuren Verlusten. Hier geht es mir so gut als ich nur irgendwie wünschen konnte, und wir haben ein sehr schönes Weihnachten gefeiert. Die Feier des 25. als des Geburtstages der Frau Wagner war vollendet. Das »Tribschener Idyll«, wie der von Wagner komponierte wunderschöne Symphoniesatz genannt ist, gehört zu dem Allerschönsten, was es gibt.

Nietzsche an Mutter und Schwester

11. Mai 1871

Ich erfahre durch Clemens Brockhaus, daß Professor Nietzsche seinen Homer, den er mir gewidmet hatte, mit demselben Gedicht nun auch seiner Schwester gewidmet hat. Ich muß zuerst darüber lachen, dann aber, mit Richard darüber sprechend, hier einen bedenklichen Zug erkennen, wie eine Sucht des Verrats, gleichsam um sich gegen einen großen Eindruck zu rächen. *Tagebuch Cosimas*

3. August 1871

Morgenpromenade mit Herrn von Gersdorff und Professor Nietzsche. Letzterer sicher der begabteste unserer jungen Freunde, doch in vielem recht unerfreulich durch eine nicht ganz natürliche Zurückhaltung seines Benehmens. Es ist gleichsam, als ob er sich gegen den überwältigenden Eindruck von Wagners Persönlichkeit wehrte. *Tagebuch Cosimas*

2. Januar 1872

Verehrtester Meister,

Endlich kommt mein Neujahrswunsch und meine Weihnachtsgabe, freilich sehr spät. Möge meine Schrift »Die Geburt der Tragödie aus dem Geiste der Musik« wenigstens in irgendeinem Grade der Teilnahme entsprechen, die Sie ihrer Genesis bis jetzt, wirklich zu meiner Beschämung, zugewandt haben. Und wenn ich selbst meine, in der Hauptsache recht zu haben, so heißt das nur so viel, daß Sie mit Ihrer Kunst in Ewigkeit Recht haben müssen. Auf jeder Seite werden Sie finden, daß ich Ihnen nur zu danken suche, für alles das, was Sie mir gegeben haben, und nur der Zweifel beschleicht mich, ob ich immer recht empfangen habe, was Sie mir gaben. Vielleicht werde ich manches später einmal besser machen können: und »später« nenne ich hier die Zeit der »Erfüllung« der Bayreuther Kulturperiode. Inzwischen fühle ich mit Stolz, daß ich jetzt gekennzeichnet bin und daß man mich jetzt immer in einer Beziehung zu Ihnen nennen wird. Meinen Philologen gnade Gott, wenn sie jetzt nichts lernen wollen. Unter Segenswünschen für Sie und Ihr Haus und mit heißem Dank für Ihre Liebe bin ich, der ich war und sein werde: Ihr getreuer Friedrich Nietzsche. *Nietzsche an Wagner*

3. Januar 1872

Zu Mittag treffe ich Richard sehr auf- und angeregt durch Professor Nietzsches Buch, er ist glücklich, dies erlebt zu haben, und meint, wie öde sein Leben gewesen wäre, wenn er vor zehn Jahren gestorben wäre. Mich nennt er seine Priesterin des Apollon, ich sei das apollinische, er das dionysische Element, wir hätten aber unseren Bund geschlossen, daraus sei Fidi entsprungen! *Tagebuch Cosimas*

Wir werden viel für die ästhetische Wissenschaft gewonnen haben, wenn wir nicht nur zur logischen Einsicht, sondern zur unmittelbaren Sicherheit der Anschauung gekommen sind, daß die Fortentwickelung der Kunst an die Duplizität des Apollinischen und des Dionysischen gebunden ist: in ähnlicher Weise, wie die Generation von der Zweiheit der Geschlechter, bei fortwährendem Kampfe und nur periodisch eintretender Versöhnung abhängt. Diese Namen entlehnen wir von den Griechen, welche die tiefsinnigen Geheimlehren ihrer Kunstanschauung zwar nicht in Begriffen, aber in eindringlich deutlichen Gestalten ihrer Götterwelt dem Einsichtigen vernehmbar machen. An ihre beiden Kunstgottheiten, Apollo und Dionysos, knüpft sich unsere Erkenntnis, daß in der griechischen Welt ein ungeheurer Gegensatz zwischen der Kunst des Bildners, der apollinischen, und der unbildlichen Kunst der Musik, als der des Dionysos besteht. Um uns jene beiden Triebe näher zu bringen, denken wir sie uns zunächst als die getrennten Kunstwelten des *Traumes* und des *Rausches.* Im Traume traten zuerst die herrlichen Göttergestalten vor die Seelen der Menschen, und der hellenische Dichter, um die Geheimnisse der poetischen Zeugung befragt, würde eine ähnliche Belehrung gegeben haben, wie sie Hans Sachs in den »Meistersingern« gibt:

> Mein Freund, das grad ist Dichters Werk,
> daß er sein Träumen deut und merk.
> Glaubt mir, des Menschen wahrster Wahn
> wird ihm im Traume aufgetan:
> all Dichtkunst und Poeterei
> ist nichts als Wahrtraum-Deuterei.
>
> *[Die Meistersinger, Dritter Aufzug, zweite Szene]*

Diese freudige Notwendigkeit der Traumerfahrung ist von den Griechen in ihrem Apollo ausgedrückt worden: Apollo, als der Gott aller bildnerischen Kräfte, ist zugleich der wahrsagende Gott. *Nietzsche, aus: Die Geburt der Tragödie, 1*

Anfang Januar 1872

Lieber Freund!

Schöneres als Ihr Buch habe ich noch nichts gelesen! Alles ist herrlich. Nun schreibe ich Ihnen ganz schnell, weil die Lektüre mich übermäßig aufregt und ich erst Vernunft abwarten muß, um es *ordentlich* zu lesen. Zu Cosima sagte ich, nach ihr kämen gleich Sie: dann lange kein anderer, bis zu Lenbach, der ein ergreifend richtiges Bild von mir gemalt hat! Adieu! Kommen Sie bald auf ein Husch herüber, dann soll es dionysisch hergehen! Ihr Richard Wagner. *Wagner an Nietzsche*

6. Januar 1872

Das Buch von Professor Nietzsche abends vollendet; »das ist das Buch, was ich mir ersehnt habe«, sagt Richard.

10. Januar Professor Nietzsche schreibt, daß er krank sei, worauf ihm Richard einen herzlich rührenden Brief schreibt.

Tagebuch Cosimas

10. Januar 1872

Mein Freund,

wie schwer machen Sie es mir, Ihnen meine Freude über Sie zu bezeigen! Daß Sie krank sind, hat mich recht übel betroffen. Sie müssen es uns verzeihen, wenn wir den Peripetien – nicht Ihrer Entwicklungs- aber, so zu sagen, der Feststellungs-Phasen Ihres Berufes, soweit diese sich auf Ihr inneres Gemütsleben beziehen, oft mit großer Beklemmung zusehen. Nun veröffentlichen Sie eine Arbeit, welche ihresgleichen nicht hat. Jeder Einfluß, der etwa auf Sie ausgeübt worden wäre, ist durch den ganzen Charakter dieser Arbeit fast auf nichts zurückgeführt. Meine Frau und ich haben Ihr Buch – früh jeder für sich, abends gemeinsam – doppelt durchgelesen; wir bedauern, nicht bereits die uns verheißenen doppelten Exemplare zur Verfügung zu haben. Um das eine Exemplar streiten wir uns. Ich brauche es immer noch, um zwischen Frühstück und Arbeit mich in die rechte Stimmung zu bringen; denn seit der Lektüre komponiere ich wieder am letzten Akte der »Götterdämmerung«. Einsam oder gemeinsam ist unsere Lektüre stets von Exklamationen begleitet. Ich für mein Teil begreife nicht, wie ich so etwas erleben durfte. – So etwa steht es bei uns. Nun blickten wir auf Sie, und – es bangte uns! Ihre Erkrankungen haben uns schon oft erschreckt, nicht weil sie uns ernstliche Befürchtungen für Ihren physischen, sondern für

Ihren Seelenzustand erweckten. Möchten Sie uns bald durch ein frohes Wort, am besten durch einen – wenn auch kurzen – Besuch beruhigen können! Tief und weit blicke ich mit Ihnen, und unabsehbar weite Gebiete hoffnungsvollster Tätigkeit eröffnen sich vor mir – vor mir mit Ihnen zur Seite. Aber Sie sind krank. Sind Sie auch mißmutig, oh! so wünschte ich Ihren Mißmut zerstreuen zu können. Wie soll ich das anfangen? Genügt Ihnen mein grenzenloses Lob? Dies bezweifeln zu müssen, betrübt mich ebensosehr. Dennoch kann ich nicht anders, als es Ihnen zu spenden. Nehmen Sie es wenigstens freundlich auf, selbst wenn es Ihnen nicht genügt! Herzlichste Grüße von Ihrem Richard Wagner.

Wagner an Nietzsche

18. Januar 1872

Ich kann Ihnen nicht sagen, wie erhebend Ihr Buch mich dünkt, in welchem Sie so schlicht wahrhaftig die Tragik unsres Daseins feststellen. Wie eine Dichtung habe ich diese Schrift gelesen, die doch die tiefsten Probleme uns dartut, und ich kann mich von ihr ebensowenig als der Meister trennen, denn sie gibt mir eine Antwort auf alle unbewußten Fragen meines Inneren. Sie denken sich wohl, wie Ihre Erwähnung von Tristan und Isolde mich ergriffen hat; die Vernichtung durch die Musik und die Erlösung durch das Drama habe ich, wie Sie es schildern, in diesem einzigen Werk am mächtigsten *empfunden*, doch nie mir *sagen* können, so daß Sie den gewaltigsten Eindruck meines Lebens mir auch erhellt haben.

Cosima an Nietzsche

Der tragische Mythus ist nur zu verstehen als eine Verbildlichung dionysischer Weisheit durch apollinische Kunstmittel; er führt die Welt der Erscheinung an die Grenzen, wo sie sich selbst verneint und wieder in den Schoß der wahren und einzigen Realität zurückzuflüchten sucht; wo sie dann, mit Isolden, ihren metaphysischen Schwanengesang also anzustimmen scheint:

Mild und leise
wie er lächelt,
wie das Auge hold er öffnet –
seht ihr's Freunde?
Säht ihr's nicht?
Immer lichter
wie er leuchtet,
Stern-umstrahlet
hoch sich hebt?
Seht ihr's nicht?
Wie das Herz ihm
mutig schwillt,
voll und hehr
im Busen ihm quillt?
Wie den Lippen,
wonnig mild,
süßer Atem
sanft entweht?
Freunde! Seht!
Fühlt und seht Ihr's nicht? –

Höre ich nur
diese Weise,
die so wunder-
voll und leise,

Wonne klagend,
Alles sagend,
mild versöhnend
aus ihm tönend
in mich dringet,
auf sich schwinget,
hold erhallend
um mich klinget?
Heller schallend,
mich umwallend,
sind es Wellen
sanfter Lüfte?
Sind es Wolken
wonniger Düfte?
Wie sie schwellen,
mich umrauschen,
soll ich atmen,
soll ich lauschen?
Soll ich schlürfen,
untertauchen?
Süß in Düften
mich verhauchen?
In dem wogenden Schwall,
in dem tönenden Schall,
in des Welt-Atems
wehendem All –,
ertrinken,
versinken –,
unbewußt –,
höchste Lust!

[Tristan und Isolde, Dritter Aufzug, dritte Szene]

So vergegenwärtigen wir uns, an den Erfahrungen des wahrhaft ästhetischen Zuschauers, den tragischen Künstler selbst, wie er, gleich einer üppigen Gottheit der individuatio, seine Gestalten schafft – wie dann aber sein ungeheurer dionysischer Trieb diese ganze Welt der Erscheinungen verschlingt, um hinter ihr und durch ihre Vernichtung eine höchste künstlerische Urfreude im Schoße des Ur-Einen ahnen zu lassen. *Nietzsche, aus: Die Geburt der Tragödie, 22*

In der letzten Aprilwoche 1872 verlegen Richard und Cosima Wagner ihren Wohnsitz nach Bayreuth. Nietzsche macht seinen letzten Besuch in Tribschen.

1. Mai 1872

Mein lieber guter Freund,

Vorigen Sonnabend war trauriger und tiefbewegter Abschied von Tribschen. Tribschen hat nun aufgehört: wie unter lauter Trümmern gingen wir herum, die Rührung lag überall, in der Luft, in den Wolken, der Hund fraß nicht, die Dienerfamilie war, wenn man mit ihr redete, in beständigem Schluchzen. Wir packten die Manuskripte, Briefe und Bücher zusammen – ach es war so trostlos: Diese drei Jahre, die ich in der Nähe von Tribschen verbrachte, in denen ich 23 Besuche dort gemacht habe – was bedeuten sie für mich! Fehlten sie mir, was wäre ich! Ich bin glücklich, in meiner »Geburt der Tragödie« mir selbst jene Tribschener Welt petrifiziert zu haben. *Nietzsche an Gersdorff*

Bayreuth vom Kreuz aus. Nach einem Stahlstich, um 1830

Juni 1872

Ein Philologe, Herr von Wilamowitz hat ein Pamphlet gegen das Nietzschesche Buch geschleudert, unter dem Titel »Zukunftsphilologie«. Es soll nichtswürdig sein. Betrachtungen, die sich an diese neue Gemeinheit knüpfen. Richard erkennt den jetzigen Zustand der Welt als einen trostlosen: »Die Professoren, die wieder Spezial-Professoren bilden, keine humane Bildung, die sich verbreitet, der Jurist z. B. denkt nicht daran, Philologie und Philosophie zu studieren, alles nur Spezialitäten.«

Richard liest das Pamphlet des Herrn von Wilamowitz und wird dadurch bestimmt, an Professor Nietzsche einen öffentlichen Brief zu schreiben, den er mir abends vorliest und der mir ganz meisterlich dünkt. *Tagebuch Cosimas*

12. Juni 1872

Gewiß hat jedes Volk einen Keim von Kretinisierung in sich: bei den Franzosen sehen wir, daß der Absinth jetzt dort fertig bringt, was die Akademie eingeleitet hat, nämlich daß über alles Unverstandene, und deshalb von dieser Akademie aus der nationalen Bildung Ausgeschiedene, endlich wie von albernen Kindern nur noch gelacht wird. Nun hat zwar unsere Philologie vom Schlage des Dr. phil. Ulrich von Wilamowitz-Moellendorff noch nicht die Macht jener Akademie, auch ist unser Bier nicht in der Weise gefährlich wie der Absinth; dennoch dürften andere Eigenschaften des Deutschen hinzutreten, die, wie seine Scheelsucht und hämische Begeiferungslust, so sehr bedenklicher Natur sind, daß die uns abgehenden Gifte durch sie nicht unleicht sich ersetzen dürften.

Wagner: An Friedrich Nietzsche,
ord. Prof. der klass. Philologie in Basel

14. Juni 1872

Der Meister hat das Pamphlet des Herrn von Wilamowitz empfangen, gelesen und beantwortet, letzteres durch einen Brief an Sie, lieber Herr Professor, den Sie in diesen Tagen erhalten werden.

Daß Adel, Philologie und Musendienst so grob sein können, wie es hier der Fall zu sein scheint, wäre recht komisch, wenn man annehmen dürfte, daß unsre gebildete Gesamtheit diese Komik – der des wütenden Philosophieprofessors bei Molière sehr ähnlich – empfinden werde; wie es steht, ist der Fall nicht komisch, sondern sehr kläglich. Bewahren Sie sich aber das goldene Schweigen und arbeiten Sie unter diesem Schutze das in sich aus, wofür Sie bestimmt sind. *Cosima an Nietzsche*

Richard Wagner und Cosima mit Sohn Siegfried. 1873/1874

25. Juni 1872

O Freund! Genau genommen sind Sie, nach meiner Frau, der einzige Gewinn, den mir das Leben zugeführt: nun kommt zwar glücklicherweise noch Fidi dazu; aber zwischen dem und mir bedarf es eines Gliedes, das nur Sie bilden können, etwa wie der Sohn zum Enkel. Für Fidi habe ich keine Angst, aber für Sie, und insofern auch für Fidi. Und diese Sorge ist recht gemein bürgerlich: ich möchte Ihr recht ordinäres Wohlergehen, da das Übrige mir vollkommen bei Ihnen gesichert scheint. Ich hab jetzt grade Morgen für Morgen die »Geburt der Tragödie« noch einmal recht aufmerksam durchgelesen; und da sagte ich mir nur immer: »Wenn er nur recht gesund wird und bleibt, und dabei es ihm sonst recht gut geht – denn sehr schlecht darf es ihm nicht gehen!« Da möchte man nun gern etwas dazu beitragen. Adieu! lieber teurer Freund! Bald sehen wir uns doch wohl auch wieder?

Ihr Richard Wagner *Wagner an Nietzsche*

24. Oktober 1872

Lieber Freund,

Über das »Was ist deutsch?« denke ich immer mehr nach und gerate endlich in eine sonderbare Skepsis, die mir das »Deutschsein« als ein reines Metaphysicum übrig läßt, als solches mir dieses aber grenzenlos interessant und jedenfalls ganz einzig in der Weltgeschichte erscheinen läßt, vielleicht mit den einzigen Pendant des Judentums zur Seite. Nun, da blicke ich denn auf meinen Sohn, meinen Siegfried: der Junge wird täglich stämmiger und stärker, und dabei mit dem Witze nicht minder schlagfertig als der Faust. Er ist mir ein reines Wunder, und habe ich an meines Weibes Seite die Verzweiflung verjagt, so lehrt mich der Bube von neuem die Hoffnung. So geht der alte Tanz wieder los, aber diesmal nach einem tüchtigen Takte. Der Junge weist mich nun auf Sie, Freund, und gibt mir, schon aus reinem Familienegoismus, die Sucht ein, alle meine auf Sie gegründeten Hoffnungen buchstäblich zur Erfüllung getrieben zu sehen: denn der Junge – ach! – braucht Sie! Auch das habe ich Ihnen schon einmal gesagt. Sie wissen: im Alter wiederholt man sich! – Ihre »Geburt der Tragödie« habe ich vergangenen Sommer wieder gelesen; meine Frau fiel kürzlich einmal wieder darüber. Ich denke, dann klangen Ihre Ohren freundlich, ungefähr wie recht gute Musik. Möge Sie mein Geplauder mit heitrem Mute erfüllen; Sie sehen wenigstens, auf lange Dauer kommt mir die Niederträchtigkeit der Dinge und Menschen nicht bei, und endlich gewinne ich mir den Vorteil, auch Ihnen gutgelaunt zusprechen zu können. Alles grüßt sie! Auf baldiges Wiedersehen! Von ganzem Herzen Ihr Richard Wagner. *Wagner an Nietzsche*

9. November 1872

Brief von Professor Nietzsche, welcher meldet, daß seine sämtlichen Studenten für dieses Semester ausgeblieben sind! Also ist der Bann seiner »Geburt der Tragödie« wegen auf ihn gelegt, wir sind tief davon affiziert. Wir ergehen uns in Plänen, Gedanken, Studenten nach Basel zu schicken oder von Bismarck eine Berufung nach Berlin erzwingen. Richard: »Hier wäre der Fall, wo der Adel schön eintreten könnte.«

10. November. Ich konnte nicht gut schlafen, die Nachricht über unsern Freund in Basel hat mich zu sehr aufgeregt.

Tagebuch Cosimas

Am Allerseelentag 1873 sendet Wagner Nietzsche die neun Bände seiner »Gesammelten Schriften und Dichtungen« mit einem Begleitgedicht. Im neunten Band ist auch der öffentliche Brief Wagners gegen das Pamphlet von Ulrich von Wilamowitz-Moellendorff enthalten.

Was ich, mit Not gesammelt,
neun Bänden eingerammelt,
was darin spricht und stammelt,
was geht, steht oder bammelt,
Schwert, Stock und Pritzsche,
kurz, was im Verlag von Fritzsche
schrei, lärm oder quietzsche,
das schenk ich meinem Nietzsche,
wär's ihm zu was nütze!

Wagner an Nietzsche

4. Januar 1874

Richard hatte eine unruhige Nacht und ist leidend, dazu kommt Professor Overbeck. Wir erhalten einen guten Eindruck von dem gelehrten Mann. Er berichtet aber nicht sonderlich Gutes von der Gesundheit unseres Freundes Nietzsche. *Tagebuch Cosimas*

Ostermontag 1874

Lieber Freund!

Ich hab gerade eine Zweite-Feiertags-Frei-Viertelstunde, die ich Ihnen doch – vielleicht zu Ihrem Ärger – zuwenden möchte, um Sie zunächst etwas davon erfahren zu lassen, was wir so über Sie gesprochen haben. Unter anderen fand ich, daß ich einen solchen männlichen Umgang, wie Sie ihn in Basel für die Abendstunden haben, in meinem Leben nicht hatte: seid Ihr alle Hypochonder, dann ists allerdings nicht viel wert. Nun scheinen aber den jungen Herren Frauen zu fehlen: da heißt es dann allerdings, wo hernehmen und nicht stehlen? Indes, man könnte ja auch einmal in der Not stehlen. Ich meinte, Sie müßten heiraten, oder eine Oper komponieren; eines würde Ihnen so gut und so schlimm wie das andere helfen. Das Heiraten halte ich aber für besser. – Einstweilen könnte ich Ihnen ein Palliativ empfehlen; aber Sie richten immer Ihre Apotheke im voraus so ein, daß man sein Mittel nicht anbringen kann. Z. B. wir hier richten unser Haus so ein, daß wir gerade auch für Sie ein Unterkommen darin bereiten; da sollten Sie nun die vollen Sommerferien mit uns verbringen. Aber – höchst vorsichtig melden Sie bereits im Anfange des Winters, daß Sie beschlossen haben, die Sommerferien auf einem recht hohen und einsamen Schweizerberge zu verbringen! Klingt das nicht wie sorgfältige Abwehr einer etwaigen Einladung unsererseits? Wir können Ihnen etwas sein: warum verschmähen Sie das angelegentlichst? – Aber – man kennt das und anderes Sonderbare an Freund Nietzsche! Auch will ich gar nicht mehr von Ihnen reden, denn es hilft doch nichts! Ach Gott! heiraten Sie eine reiche Frau! Warum muß Gersdorff gerade eine Mannsperson sein! Dann reisen Sie und – komponieren Ihre Oper, die aber gewiß schändlich schwer aufzuführen sein wird. Nun übrigens: nächstes Jahr volle Proben in Bayreuth: 1876 die Aufführungen. Eher geht es nicht. Ich bade jetzt täglich, weil ich es nicht mehr mit meinem Unterleibe aushalten konnte. Baden Sie auch! Essen Sie auch Fleisch! Allerherzlichste Grüße von Ihrem getreuen Richard Wagner.

Wagner an Nietzsche

Haus Wahnfried in Bayreuth. Holzschnitt, um 1874

2. März 1873

Ich kann mir gar nicht denken, wie man Wagner in allen Hauptpunkten mehr Treue halten könne und tiefer ergeben sein könne als ich es bin. Aber in einer gewissen für mich notwendigen, beinahe ›sanitarisch‹ zu nennenden Enthaltung von *häufigerem* persönlichem Zusammenleben muß ich mir eine Freiheit wahren, wirklich nur um jene Treue in einem höheren Sinne halten zu können. *Nietzsche an Gersdorff*

Am Werk von Bayreuth – von der Grundsteinlegung des Festspielhauses im Mai 1872 bis zu den ersten Festspielen 1876 – nimmt Nietzsche aktiv Anteil, zumal durch seinen »Mahnruf an die Deutschen« und die vierte Unzeitgemäße Betrachtung »Richard Wagner in Bayreuth«.

Das Festspielhaus in Bayreuth

Von einem solchen Unternehmen wie dem Bayreuther gab es keine Vorzeichen, keine Übergänge, keine Vermittelungen; den langen Weg zum Ziele und das Ziel selbst wußte keiner außer Wagner. Es ist die erste Weltumsegelung im Reiche der Kunst: wobei, wie es scheint, nicht nur eine neue Kunst, sondern die Kunst selber entdeckt wurde.

Nietzsche: Richard Wagner in Bayreuth

Telegramm 13. Juli 1876

Freund! Ihr »Richard Wagner in Bayreuth« ist ungeheuer! Wo haben Sie nur die Erfahrung von mir her?

Wagner an Nietzsche

Sorrent

Seit den Festspielen häufen sich indessen die Verstimmungen zwischen Nietzsche und dem Hause Wagner. Ende 1876 wird es in Sorrent, wo Nietzsche mit Malwida von Meysenbug und Paul Rée den Herbst und Winter verbringt, zur letzten persönlichen Begegnung mit Cosima und Richard Wagner kommen.

17. April 1877

Ich glaube, daß in Nietzsche ein dunkler, produktiver Grund ist, von dem er selbst kein Bewußtsein hat; daher stammt das Bedeutende bei ihm, was ihn selbst dann erschreckt, während alles, was er denkt und spricht, was lichterhellt ist, wirklich nicht viel wert ist. Das Tellurische an ihm ist wichtig, das Solarische unbedeutend und durch den Kampf mit dem Tellurischem selbst beängstigend und unerquicklich. »Die großen Gedanken kommen aus dem Herzen«, sagt Vauvenargues: ein Wort, welches auf Nietzsche anzuwenden ist, denn seine großen Gedanken kommen ihm sicher nicht aus dem Gehirn, sondern aus was? Ja, wer das sagen könnte...

Cosima an Malwida von Meysenbug

23. Oktober 1877

Geehrtester Herr,

In der verhängnisvollen Frage, welche die Gesundheit unseres Freundes Nietzsche betrifft, drängt es mich nun, mit aller Kürze und Entschiedenheit Ihnen meine Ansicht mitzuteilen. Ich trage mich, für die Beurteilung des Zustandes Nietzsches, seit langem mit den Erinnerungen von gleichen und sehr ähnlichen Erfahrungen, welche ich an jungen Männern von großer Geistesbegabung machte. Diese sah ich an ähnlichen Symptomen zugrunde gehen und erfuhr nur zu bestimmt, daß Folgen der Onanie vorlagen. Seitdem ich Nietzsche, von jenen Erfahrungen geleitet, näher beobachtete, ist an allen seinen Temperamentszügen und charakteristischen Gewohnheiten meine Befürchtung zu einer Überzeugung geworden. Hierüber glaube ich mich dem befreundeten Arzte nicht umständlicher aussprechen zu dürfen. Nur zur Bestätigung der großen Wahrscheinlichkeit meiner Ansicht führe ich Ihnen die auffällige Erfahrung vor, daß der eine der erwähnten jüngeren Freunde, ein vor mehreren Jahren in Leipzig verstorbener Dichter, im Alter Nietzsches vollständig erblindete, der andere, ein noch jetzt in Italien mit jammervoll zerrütteten Nerven dahinsiechender, ebenfalls ungemein begabter Freund, im gleichen Alter in die schmerzhaftesten Augenleiden verfiel. Sehr wichtig war mir nun auch neuerdings die

Nachricht, daß der in Neapel vor einiger Zeit von Nietzsche konsultierte Arzt diesem vor allen Dingen anempfahl, zu – heiraten. Ich glaube Ihnen genug gesagt zu haben, um Sie zu ernstlicher Diagnose in der angezeigten Richtung hin zu veranlassen. Die Nerven, das Rückenmark zu stärken, zu regenerieren, dünkt mich zu wichtig, als daß ich Ihnen meinen ernstlichen Wunsch verschweigen dürfte, daß hierfür etwas Energisches geschähe. *Wagner an Dr. med. Otto Eiser*

23. Oktober 1877

Richard schreibt einen langen Brief an Dr. Eiser in Frankfurt, welcher einen eingehenden Bericht über den Gesundheitszustand unseres Freundes Nietzsche geschrieben hat. »Er wird auf den befreundeten Arzt eher hören als auf den arztenden Freund.« *Tagebuch Cosimas*

Das Jahr 1878 besiegelt das Ende der Freundschaft Wagners und Nietzsches. Anfang Januar erhält dieser von Wagner seine »Parsifal«-Dichtung mit der Widmung:

Herzlichsten Gruß und Wunsch seinem teuren Freunde Friedrich Nietzsche: Richard Wagner Oberkirchenrat.

4. Januar 1878

Gestern kam, von Wagner gesandt, der Parsifal in mein Haus. Eindruck des ersten Lesens: mehr Liszt als Wagner, Geist der Gegenreformation; mir, der ich zu sehr an das Griechische, menschlich Allgemeine gewöhnt bin, ist alles zu christlich, zeitlich, beschränkt; lauter phantastische Psychologie, kein Fleisch und Blut (natürlich beim Abendmahl geht es mir zu vollblütig her), dann mag ich hysterische Frauen nicht. Vieles, was für das innere Auge erträglich ist, wird bei der Aufführung kaum auszuhalten sein: denken Sie sich unsere Schauspieler betend, zitternd und mit verzückten Hälsen.

Nietzsche an Reinhart von Seydlitz

Im Mai sendet Nietzsche »Menschliches, Allzumenschliches« nach Bayreuth.

25. April 1878

Um Mittag Ankunft einer neuen Schrift von Freund Nietzsche – banges Gefühl davor nach einem kurzen Einblick. Mir scheint viel Ingrimm und Verbissenheit darin, und Richard lacht herzlich, wie ich ihm sage, daß, wenn unter allen Menschen einer, der hiermit gefeierte Voltaire die »Geburt der Tragödie« nicht verstanden haben würde!

Tagebuch Cosimas

In den »Bayreuther Blättern« veröffentlicht Wagner im August seinen gegen »Menschliches, Allzumenschliches« gerichteten Artikel »Publikum und Popularität«. Nietzsche reitet in seinen Schriften der nächsten Jahre die Gegenattacke, die nach dem Tode Wagners in seinen Streitschriften »Der Fall Wagner« und »Nietzsche contra Wagner« gipfeln wird.

Der du an jeder Fessel krankst,
Friedloser, freiheit-dürstger Geist,
Weh! Daß auch du am Kreuze niedersankst,
Auch du! Auch du – ein Überwundener!

Vor diesem Schauspiel steh ich lang,
Gefängnis atmend, Gram und Groll und Gruft,
Dazwischen Weihrauch-Wolken, Kirchen-Huren-Duft.
Hier wird mir bang:
Die Narrenkappe werf ich tanzend in die Luft!
Denn ich entsprang –

Nietzsche: An Richard Wagner (1884)

5. September 1878

Nachts bemerke ich, daß Richard nicht mehr bei mir liege, ich stand auf, um nach ihm zu sehen, er saß in seiner Arbeitsstube: er habe Kongestionen, sagte er. In der Frühe erzählte er mir den Traum der ihn geweckt; es seien immer mehr Leute in sein Haus gedrungen, zuletzt Nietzsche, welcher ihm lauter schmähliche Malicen gesagt und ihn auf die Melodie des Pilgerchors aus »Tannhäuser« verhöhnt habe, d. h. ein Hohngedicht auf ihn gesungen.

Aus deutschem Herzen kam dies schwüle Kreischen?
Und deutschen Leibs ist dies Sich-selbst-Zerfleischen?
Deutsch ist dies Priester-Hände-Spreizen,
Dies weihrauchdüftelnde Sinne-Reizen?
Und deutsch dies Stürzen, Stocken, Taumeln,
Dies zuckersüße Bimbambaumeln?
Dies Nonnen-Äugeln, Ave-Glockenbimmeln,
Dies ganze falsch verzückte Himmel-Überhimmeln?
Ist das noch deutsch?
Erwägt! Noch steht ihr an der Pforte...
Denn was ihr hört, ist Rom, – Roms Glaube ohne Worte.

[Nietzsche: »Ist das noch deutsch?«
aus: Jenseits von Gut und Böse, 256]

Richard Wagner in Bayreuth. 1881

Richard erzählt weiter, er habe Nietzsche gesagt: »Sie behandeln mich wohl so, weil ich unbewaffnet bin.« Ich hätte durch ein Fenster gefragt, was los sei, und um mich nicht zu beängstigen, habe er gesagt, Nietzsche lese ihm gerade sein neues Gedicht vor; über die Größe und Unheimlichkeit der Bedrängnis sei er aber erwacht. Er sieht den Tag über angegriffen aus, doch arbeitet er ein wenig am zweiten Akt des »Parsifal«. *Tagebuch Cosimas*

Am 13. Februar 1883 – im Jahr nach der Uraufführung des »Parsifal« – stirbt Wagner in Venedig.

21. Februar 1883

Liebe verehrte Freundin,

Es geht mir immer schlechter, und jetzt nach dem Tode Wagners zumal ganz schlecht. Es ist alles krank an mir, und ich will und mag keinen Menschen sehn und sprechen. Wagners Tod hat mir fürchterlich zugesetzt; und ich bin zwar wieder aus dem Bett, aber keineswegs aus der Nachwirkung heraus. – Trotzdem glaube ich, daß dies Ereignis, auf die Länge hin gesehn, eine Erleichterung für mich ist. Es war hart, sehr hart, sechs Jahre lang jemandem Gegner sein zu müssen, den man so verehrt und geliebt hat, wie ich Wagner geliebt habe; ja, und selbst als Gegner sich zum Schweigen verurteilen müssen – um der Verehrung willen, die der Mann als Ganzes verdient. Ich habe an Cosima geschrieben. Sie werden dies billigen? Mit der wärmsten Dankbarkeit Ihr Nietzsche.

Nietzsche an Malwida von Meysenbug in Rom

Sie haben *einem* Ziele gelebt und ihm jedes Opfer gebracht; über den Menschen hinaus empfanden Sie das Ideal dieses Einen, und ihm, welches nicht stirbt, gehören Sie, gehört Ihr Name für immer. Über die Liebe jenes Menschen hinaus erfaßten Sie das Höchste, was *seine* Liebe und *seine* Hoffnung erdachten: *Dem* dienten Sie, *dem* gehören Sie und Ihr Name für immerdar – dem was nicht mit einem Menschen stirbt, ob es schon in ihm geboren wurde. So sehe ich heute auf Sie, und so sah ich, wenngleich aus großer Ferne, immer auf Sie, als auf die bestverehrte Frau, die es in meinem Herzen gibt.

Nietzsche an Cosima

Cosima Wagner. Ölporträt von Franz von Lenbach, 1877

Nietzsche mythisiert in der letzten Zeit seines bewußten Lebens Cosima mehr und mehr zur Ariadne, der er als neuer Dionysos gegenübertritt.

Wer wärmt mich, wer liebt mich noch?
Gebt heiße Hände!
Gebt Herzens-Kohlenbecken!
Hingestreckt, schaudernd,
Halbtotem gleich, dem man die Füße wärmt,
geschüttelt ach! von unbekannten Fiebern,
zitternd vor spitzen eisigen Frostpfeilen,
von dir gejagt, Gedanke!
Unnennbarer! Verhüllter! Entsetzlicher!
Du Jäger hinter Wolken!
Darnieder geblitzt von dir,
du höhnisch Auge, das mich aus Dunklem anblickt!
So liege ich,
biege mich, winde mich, gequält
von allen ewigen Martern,
getroffen
von dir, grausamster Jäger,
du unbekannter – *Gott.*

Ein Blitz. Dionysos wird in smaragdener Schönheit sichtbar.

»Sei klug, Ariadne!
Du hast kleine Ohren, du hast meine Ohren:
steck ein kluges Wort hinein!
Muß man sich nicht erst hassen,
wenn man sich lieben soll?
Ich bin dein Labyrinth …«

Nietzsche: »Klage der Ariadne«, aus: Dionysos-Dithyramben

Am 3. Januar 1889 erleidet Nietzsche in Turin einen paralytischen Zusammenbruch. Am gleichen Tag schickt er drei vom Wahnsinn gezeichnete Billette an Cosima Wagner.

An die Prinzeß Ariadne, meine Geliebte
Man erzählt mir, daß ein gewisser göttlicher Hanswurst dieser Tage mit den Dionysos-Dithyramben fertig geworden ist...

Es ist ein Vorurteil, daß ich ein Mensch bin. Aber ich habe schon oft unter den Menschen gelebt und kenne alles, was Menschen erleben können, vom Niedrigsten bis zum Höchsten. Ich bin unter Indern Buddha, in Griechenland Dionysos gewesen, – Alexander und Caesar sind meine Inkarnationen, insgleichen der Dichter des Shakespeare, Lord Bacon. Zuletzt war ich noch Voltaire und Napoleon, vielleicht auch Richard Wagner... Dies Mal aber komme ich als der siegreiche Dionysos, der die Erde zu einem Festtag machen wird... Nicht daß ich viel Zeit hätte... Die Himmel freuen sich, daß ich da bin... Ich habe auch am Kreuze gehangen...

Dies Breve an die Menschheit sollst *Du* herausgeben, von Bayreuth aus, mit der Aufschrift: *Die frohe Botschaft.*

In Nietzsches letztem Brief überhaupt: an Jakob Burckhardt vom 6. Januar steht die Zeile:
Der Rest für Frau Cosima... Ariadne... Von Zeit zu Zeit wird gezaubert.

Friedrich Nietzsche. 1887

In einem der letzten Briefe vor dem Zusammenbruch – am 25. Dezember 1888 – hatte Nietzsche Cosima noch sein Buch »Ecce homo« angekündigt:

Verehrte Frau, im Grunde die einzige Frau, die ich verehrt habe, lassen Sie es sich gefallen, das erste Exemplar dieses »Ecce homo« entgegenzunehmen. Es wird darin im Grunde alle Welt schlecht behandelt, Richard Wagner ausgenommen – und noch Turin. Der Antichrist.

Ich habe gegen alles, was heute noblesse heißt, ein souveränes Gefühl von Distinktion, – ich würde dem jungen deutschen Kaiser nicht die Ehre zugestehn, mein Kutscher zu sein. Es gibt einen einzigen Fall, wo ich meinesgleichen anerkenne – ich bekenne es mit tiefer Dankbarkeit. Frau Cosima Wagner ist bei weitem die vornehmste Natur; und damit ich kein Wort zu wenig sage, sage ich, daß Richard Wagner der mir bei weitem verwandteste Mann war. Der Rest ist Schweigen.

Hier, wo ich von den Erholungen meines Lebens rede, habe ich ein Wort nötig, um meine Dankbarkeit für das auszudrükken, was mich in ihm bei weitem am tiefsten und herzlichsten erholt hat. Dies ist ohne Zweifel der intimere Verkehr mit Richard Wagner gewesen. Ich lasse den Rest meiner Beziehungen billig; ich möchte um keinen Preis die Tage von Tribschen aus meinem Leben weggeben, Tage des Vertrauens, der Heiterkeit, der sublimen Zufälle, der tiefen Augenblicke. Ich weiß nicht, was Andre mit Wagner erlebt haben: über unsern Himmel ist nie eine Wolke hinweggegangen.

Alles erwogen, hätte ich meine Jugend nicht ausgehalten ohne Wagnerische Musik. Wagner ist das Gegengift gegen alles Deutsche par excellence, – Gift, ich bestreite es nicht... Von dem Augenblick an, wo es einen Klavierauszug des Tristan gab, war ich Wagnerianer. Ich suche heute noch nach einem Werke von gleich gefährlicher Faszination, von einer gleich schauerlichen und süßen Unendlichkeit, wie der Tristan ist, – ich suche in allen Künsten vergebens. Alle Fremdheiten Lionardo da Vincis entzaubern sich beim ersten Tone des Tristan. Ich denke, ich kenne besser als irgend jemand das Ungeheure, das Wagner vermag, die fünfzig Welten fremder Entzückungen, zu denen niemand außer ihm Flügel hatte;

und so wie ich bin, stark genug, um mir auch das Fragwürdigste und Gefährlichste noch zum Vorteil zu wenden und damit stärker zu werden, nenne ich Wagner den großen Wohltäter meines Lebens. Das, worin wir verwandt sind, daß wir tiefer gelitten haben, auch an einander, als Menschen dieses Jahrhunderts zu leiden vermöchten, wird unsre Namen ewig wieder zusammenbringen; und so gewiß Wagner unter Deutschen bloß ein Mißverständnis ist, so gewiß bin ich's und werde es immer sein. *Nietzsche, aus: Ecce homo*

Als Nietzsche am 25. August 1900 stirbt, äußert Cosima sich noch einmal in mehreren Briefen über den einstigen Freund.

14. November 1900

Wie Sie wissen, habe ich den bejammernswürdigen Nietzsche in den letzten sechziger Jahren gekannt; schon damals klagte er mir über schreckliche Kopfschmerzen und eine Kurzsichtigkeit, die ihn Blindheit befürchten ließ. Niemals war er heiter, und meine Kinder hatten eine förmliche Scheu vor ihm. Der Eindruck, den er in Tribschen erhielt, war zu gewaltig für seine physische Konstitution. Ich habe gleich ein Gefühl der Angst um ihn gehabt: Das Eigenartige dessen, was er leistete, macht mir den Eindruck einer Halluzination, eines Rausches. In der Unruhe, welche sein körperliches Unbehagen und die überstarken Eindrücke auf ihn hervorbrachten, begann er zu musizieren. Er brachte mir Kompositionen, vor allem phantasierte er auf meinem Klavier. Auch da hatte ich den Eindruck der Halluzination, und ich war mit Bangigkeit gefesselt. Als wir im Jahre 1872 Tribschen verließen, war er so heftig davon bewegt, daß er mir sagte: Sie werden sehen, es endet schlecht mit mir. Vielleicht ist noch niemals in einem so drastischen Beispiel die Verwandtschaft des Wahnsinns mit dem Genie, wie Schopenhauer erkannt hat, lebendig dargestellt. Betrachten Sie die Physiognomie des Unglückseligen. Wie aus einer Verschüttung dringt der nichts gewahrende Blick zu uns und erregt unser tiefes Mitgefühl. Wenn ich nach einem Analogon suche, so stellt sich mir Pascal vor, der auch nur mehr aphoristisch-abgebrochen dachte, aber es ist Pascal erspart worden, in seiner Krankheit das zu schmähen, was er geliebt hatte und von dem er geliebt wurde. Er hat nicht Freund und Meister verleugnet, sein Vaterland geschmäht, das weibliche Geschlecht beschimpft. Seine Krankheit hatte eine mildere Form angenommen, das Schicksal war erbarmungsvoller mit ihm, während es erbarmungslos grausam gegen Nietzsche war. *Cosima an Arthur Seidl*

Sternen-Freundschaft

Wir waren Freunde und sind uns fremd geworden. Aber das ist recht so und wir wollen's uns nicht verhehlen und verdunkeln, als ob wir uns dessen zu schämen hätten. Wir sind zwei Schiffe, deren jedes sein Ziel und seine Bahn hat; wir können uns wohl kreuzen und ein Fest miteinander feiern, wie wir es getan haben – und dann lagen die braven Schiffe so ruhig in *einem* Hafen und in *einer* Sonne, daß es scheinen mochte, sie seien schon am Ziele und hätten *ein* Ziel gehabt. Aber dann trieb uns die allmächtige Gewalt unserer Aufgabe wieder auseinander, in verschiedene Meere und Sonnenstriche und vielleicht sehen wir uns nie wieder – vielleicht auch sehen wir uns wohl, aber erkennen uns nicht wieder: die verschiedenen Meere haben uns verändert! Daß wir uns fremd werden müssen, ist das Gesetz *über* uns: ebendadurch sollen wir uns auch ehrwürdiger werden! Ebendadurch soll der Gedanke an unsere ehemalige Freundschaft heiliger werden! Es gibt wahrscheinlich eine ungeheure unsichtbare Kurve und Sternenbahn, in der unsere so verschiedenen Straßen und Ziele als kleine Wegstrecken *einbegriffen* sein mögen, – erheben wir uns zu diesem Gedanken! Aber unser Leben ist zu kurz und unsere Sehkraft zu gering, als daß wir mehr als Freunde im Sinne jener erhabenen Möglichkeit sein könnten. – Und so wollen wir an unsere Sternen-Freundschaft *glauben*, selbst wenn wir einander Erden-Feinde sein müßten. *Nietzsche: Die fröhliche Wissenschaft, 279*

Anhang

Nietzsche – Cosima – Wagner
Erdenfeindschaft und Sternenfreundschaft

Im Jahre 1969 kam aus dem Nachlaß von Peter Gast ein Blatt ans Licht, das von ihm selber als Kopie eines Bogens ausgegeben wird, den Nietzsche Ende Dezember 1888 aus Turin an seinen Verleger Naumann in Leipzig geschickt hat. Darauf steht ein Text, der den »bisherigen Abschnitt 3« des Kapitels »Warum ich so weise bin« in der soeben im Druck befindlichen Schrift *Ecce homo* ersetzen soll. Das Original des Bogens ist neben anderen Texten aus der gleichen Zeit von Nietzsches Mutter und Schwester vernichtet worden – begreiflicherweise, werden sie doch in diesem neuen Abschnitt, der schon deutlich Spuren des Wahnsinns trägt, als »canaille« bezeichnet, mit der ihn verwandt zu glauben »eine Lästerung auf meine Göttlichkeit« wäre. Im gleichen Abschnitt steht auch folgende Passage: »Ich habe gegen Alles, was heute noblesse heisst, ein souveraines Gefühl von Distinktion, – ich würde dem jungen deutschen Kaiser nicht die Ehre zugestehn, mein Kutscher zu sein. Es giebt einen einzigen Fall, wo ich meines Gleichen anerkenne – ich bekenne es mit tiefster Dankbarkeit. Frau Cosima Wagner ist bei Weitem die vornehmste Natur; und, damit ich kein Wort zu wenig sage, sage ich, daß Richard Wagner der mir bei weitem verwandteste Mann war... Der Rest ist Schweigen...«

Zu diesem Text, der erst seit knapp drei Jahrzehnten bekannt ist, gibt es eine Vorstufe: statt der zweiten Hälfte des vorletzten Satzes, die sich auf Richard Wagner bezieht, steht in einer kaum zu entziffernden Passage, die eben wegen ihrer schweren Lesbarkeit dem Autodafé von Mutter und Tochter Nietzsche entgangen ist und nicht lange vor dem Zusammenbruch (3. Januar 1889) entstanden sein muß – folgende ungeheure Bemerkung: »und, im Verhältniß zu mir, habe ich ihre [Cosimas] Ehe mit Wagner immer nur als Ehebruch interpretiert... der Fall Tristan«. Wenige Tage später richtet Nietzsche die sogenannten Wahnsinnszettel an Cosima, in denen an die Stelle der mittelalterlichen Dreiecksbeziehung Marke, Isolde, Tristan die Konstellation des griechischen Mythos tritt: Theseus = Wagner, Ariadne = Cosima, Dionysos = Nietzsche.

Hier wie dort versetzt Nietzsche sich, so scheint es, in die Rolle dessen, der in eine bestehende erotische oder eheliche Beziehung siegreich einbricht. Doch wird bei genauem Lesen der zitierten Aufzeichnung jene Tristan-Parallele doppelsinnig wie ein Vexierbild. Spontan wird der Leser sie folgendermaßen auffassen: Cosima führt mit Wagner, wie Isolde mit Marke, eine Ehe, die im Grunde Ehebruch ist, da Cosima eigentlich für Nietzsche bestimmt ist – wie Isolde für Tristan. Marke und Wagner stehen zu den jungen Männern in dem gleichen Verhältnis väterlicher Freundschaft, beide Frauen sind den jüngeren treuen Kampfgefährten ihrer Gatten altersmäßig entschieden näher! Die Affinität der Verhältnisse scheint die Gleichsetzung Wagners mit Marke, Nietzsches mit Tristan sehr nahe zu legen. Und doch läßt sich die Aufzeichnung ganz anders – gewiß richtiger – interpretieren: Nietzsche ist der Geprellte, ihm gehört Cosima zu, ihre bürgerliche Ehe mit Wagner ist ein Bruch der eigentlichen, der mystischen, der Sternen-Ehe mit ihm. Wagner ist – in sonderbarer Umkehrung des Verhältnisses der Generationen – ein anderer Tristan! Eine moderne Kontrafaktur der mittelalterlichen Dreiecksbeziehung: nicht mehr eine die Norm sprengende Liebe setzt sich gegen die Konvention durch, sondern dem Bürger Tristan ist der erotische Sieg über den gegönnt, der die Gesetzestafeln zerbrochen, die Umwertung aller Werte verkündet hat – und doch wie Marke zur Entsagung verurteilt ist.

»Dies Mal aber komme ich als der siegreiche Dionysos, der die Erde zu einem Festtag machen wird«, heißt es auf einem der drei Wahnsinnsbillette, das »an die Prinzeß Ariadne, meine Geliebte« gerichtet ist (an Cosima Wagner, 3. Januar 1889). Doch auch der Siegreiche sieht sich in einer seiner Metamorphosen – als Richard Wagner. Im Postscriptum von Nietzsches letztem Brief überhaupt – an Jacob Burckhardt in Basel – steht die Bemerkung: »Der *Rest* für Frau Cosima... Ariadne... Von Zeit zu Zeit wird gezaubert...«. Nicht mehr Wagner ist jetzt der ›Zauberer‹, sondern Nietzsche selber. Im Anstaltsprotokoll aus Jena heißt es später: »Er will seine Kompositionen aufgeführt haben, hat für Gedanken und Stellen aus seinen Werken wenig Verständnis oder Gedächtnis« – und behauptet: »Meine Frau Cosima Wagner hat mich hierher gebracht.« Das literarische Rollenspiel mit den Figuren Ariadne, Theseus, Dionysos, das im letzten Jahrzehnt von Nietzsches bewußtem Leben eine so große Rolle gespielt hat – ohne daß diese Figuren immer fest mit wirklichen Personen verbunden zu denken sind –, hier verwandelt es sich nun in wahnhafte Identifikation.

Sie wäre undenkbar ohne das »Tribschener Idyll«, wie man mit dem ursprünglichen Titel von Wagners *Siegfried-Idyll* die Gastfreundschaft nennen könnte, die Nietzsche in der Zeit seiner Baseler Professur zwischen 1869 und 1872 in Wagners Haus bei Luzern genoß. Nietzsche hat die Tribschener Jahre bis zuletzt als die glücklichste Zeit seines Lebens gepriesen. »Alles in Allem gerechnet, war R[ichard] W[agner] der Einzige bisher, mindestens der Erste, der ein Gefühl davon gehabt hat, was es mit mir auf sich habe«, schreibt er am 14. Juli 1886 an Overbeck, »und deshalb war mir Triebschen eine solche

Erholung, während ich jetzt keinen Ort und keine Menschen mehr habe, die zu meiner Erholung taugten.«

Den »Abschied von Tribschen« (Nietzsche schreibt den Namen manchmal wie Wagner mit ie, manchmal mit i) hat er in seinem Brief an von Gersdorff vom 1. Mai 1872 wie ein empfindsames Trauerspiel beschrieben, dessen tränenreiche Episoden vom melancholischen Hund, der sein Fressen verweigert, bis zur schluchzenden Dienerfamilie reichen. »Diese drei Jahre, die ich in der Nähe von Tribschen verbrachte, in denen ich 23 Besuche dort gemacht habe – was bedeuten sie für mich! Fehlten sie mir, was wäre ich! Ich bin glücklich, in meinem Buche [*Die Geburt der Tragödie*] mir selbst jene Tribschener Welt petrificirt zu haben.«

Noch kurz vor seinem Zusammenbruch wird er in *Ecce homo* (»Warum ich so klug bin«, 5) schreiben: »Hier, wo ich von den Erholungen meines Lebens rede, habe ich ein Wort nöthig, um meine Dankbarkeit für das auszudrücken, was mich in ihm bei weitem am Tiefsten und Herzlichsten erholt hat. Dies ist ohne allen Zweifel der intimere Verkehr mit Richard Wagner gewesen. Ich lasse den Rest meiner menschlichen Beziehungen billig; ich möchte um keinen Preis die Tage von Tribschen aus meinem Leben weggeben, Tage des Vertrauens, der Heiterkeit, der sublimen Zufälle – der *tiefen* Augenblicke ... Ich weiss nicht, was Andre mit Wagner erlebt haben: über unsern Himmel ist nie eine Wolke hinweggegangen.«

Als Nietzsche Ende 1868 Wagner im Hause des Orientalisten Hermann Brockhaus persönlich kennenlernte, war er erst vierundzwanzig Jahre alt. Zum erstenmal erlebte er im Januar des folgenden Jahres in Dresden eine Oper von Wagner – *Die Meistersinger von Nürnberg* – auf der Bühne. Indessen reicht die Beschäftigung mit seinem Werk und Kulturprogramm bis in die Jahre 1861/62 zurück. Die frühen Äußerungen Nietzsches offenbaren freilich noch seine Befangenheit in einer klassizistischen musikalischen Ästhetik, in der er während seines Bonner Studiums (1864/65) durch den klassischen Philologen und Mozart-Forscher Otto Jahn bestärkt wurde. Erst in den Monaten vor der persönlichen Begegnung mit Wagner im Hause Brockhaus erfolgt der ›Durchbruch‹: »Ich bringe es nicht übers Herz, mich dieser Musik gegenüber kritisch kühl zu verhalten«, schreibt er am 27. Oktober 1868 an Erwin Rohde, nachdem er im Konzert das Vorspiel zu *Tristan und Isolde* und das Vorspiel zu den *Meistersingern* gehört hat; »jede Faser, jeder Nerv zuckt an mir, und ich habe lange nicht ein solches andauerndes Gefühl der Entrücktheit gehabt als bei letztgenannter Ouvertüre«.

Sein Brief an Rohde vom 8. Oktober 1868 ist die erste bedeutsame Würdigung des Phänomens Wagner. Eindringlich setzt er sich mit der Kritik seines Lehrers Otto Jahn auseinander, dem er vorhält, die Wagnersche Musik, die beim Hörer »etwas Enthusiasmus« voraussetze, nur mit »halbverklebten Ohren« zu hören. Die späte Zuordnung Wagners zur Décadence-Kunst der französischen »Spätromantiker« klingt schon an, wenn er betont, Wagner habe »eine Gefühlssphaere, die O. Jahn ganz verborgen bleibt: Jahn bleibt eben [...] ein Gesunder, dem Tannhäusersage und Lohengrinatmosphaere eine verschlossene Welt sind«. Und nun folgt der berühmte Satz, der Thomas Mann zeitlebens fasziniert hat, ja in dem sich für ihn das ganze Wesen des noch nicht durch die Lehre vom Übermenschen und vom Willen zur Macht von sich selber abgefallenen Nietzsche zusammenfaßte: »Mir behagt an Wagner, was mir an Schopenhauer behagt, die ethische Luft, der faustische Duft, Kreuz, Tod und Gruft etc.«

Am Pfingstmontag (17. Mai) 1869 besucht Nietzsche, soeben zum außerordentlichen Professor für Klassische Philologie an der Universität Basel ernannt, Richard Wagner und Cosima von Bülow in ihrem Haus zu Tribschen bei Luzern – ein halbes Jahr nach der ersten Begegnung in Leipzig. Fünf Tage später, an Wagners Geburtstag, schreibt Nietzsche seinen ersten Brief nach Tribschen, der mit dem Satz beginnt: »Sehr verehrter Herr, wie lange habe ich schon die Absicht gehabt, einmal ohne alle Scheu auszusprechen, welchen Grad der Dankbarkeit ich Ihnen gegenüber empfinde; da sich thatsächlich die besten und erhobensten Momente meines Lebens an Ihren Namen knüpfen und ich nur noch einen Mann kenne, noch dazu Ihren großen Geistesbruder Arthur Schopenhauer, an den ich mit gleicher Verehrung, ja religione quadam denke.«

In diesem »sehr schönen Brief« (Cosima im Tagebuch vom 23. Mai) setzt Nietzsche seine Beziehung zu Wagner unter ein gleichsam trinitarisches Vorzeichen: die Vater-Sohn-Beziehung Wagner-Nietzsche lebt im ›heiligen Geist‹ Schopenhauers. Der gemeindebildenden Tendenz der Wagnerschen Kunstanschauung gemäß zählt er sich zu den »pauci«, die allein imstande sind, den »Genius« des Meisters in seiner ganzen Tiefe zu erfassen. Nietzsche erweist sich hier nicht weniger als Schiller – in seinem berühmten Geburtstagsbrief an Goethe, der die Freundschaft der beiden Dichter im Jahre 1794 einleitete – als Geistesdiplomat, der behutsam-raffiniert die Register zieht, mit denen er das Vertrauen Wagners zu erringen vermag.

Wirklich gelingt es ihm sofort, die tiefe Sympathie Wagners – und Cosimas – zu gewinnen. Dafür gibt es erstaunliche Beispiele. Während seines zweiten Besuchs in Tribschen (am 5. und 6. Juni) wird Siegfried geboren. Nietzsches Gegenwart bei diesem familiären Ereignis ist der ausdrückliche Wunsch Cosimas. In der Folgezeit wird er zu einer Art Bindeglied zwischen Wagner und seinem Sohn stilisiert. Als Wagner einmal mit »Fidi« (so der Kosename Siegfrieds) spielt, bemerkt er Cosima gegenüber: »Wir werden Siegfried weggeben müssen, zur Zeit, wo er Mann wird, muß er unter Menschen kommen« – und er plant, Siegfried beizeiten der Erziehung Nietzsches zu übergeben: »wir werden von weitem zusehen, wie Wotan der Erziehung von Siegfried zusieht« (Tagebuch Cosimas vom 5. November 1869).

Dieser Gedanke verfestigt sich in ihm immer mehr. Nietzsches Werben um Wagners intellektuell-ästhetische Gunst wird von diesem mit einem förmlichen Liebeswerben beantwortet – »seit ich Sie lieb gewonnen habe«, wie er in seinem Brief vom 7. Februar 1870 schreibt. »Ich habe jetzt niemand, mit dem ich es so ernst nehmen könnte, als mit Ihnen – die Einzige ausgenommen.« Diese persönliche Hochschätzung wird sich in Wagners Brief an Nietzsche vom 25. Juni 1872 – nach der Grundsteinlegung des Bayreuther Festspielhauses – zu den unerhörten Sätzen steigern: »Genau genommen sind Sie, nach meiner Frau, der einzige Gewinn, den mir das Leben zugeführt; nun kommt zwar glücklicherweise noch Fidi dazu, aber zwischen dem und mir bedarf es eines Gliedes, das nur Sie bilden können, etwa wie der Sohn zum Enkel.« Wagner nimmt Nietzsche an Sohnes Statt an. König Marke und Tristan! Ein verhülltes Liebesbekenntnis, das sich auch in den nächsten Sätzen bekundet: in der »Angst« um Nietzsches zu dieser Zeit bereits stark angegriffene Gesundheit, »und da sage ich mir nur immer: ›wenn er nur recht gesund wird und bleibt, und dabei es ihm sonst recht gut geht, – denn, sehr schlecht darf es ihm nicht gehen!‹ Da möchte man nun gern etwas dazu beitragen.«

Äußerungen wie diese lassen ahnen, wie tief Nietzsches späterer »Verrat« Wagner verletzt haben muß. Wo enttäuschte Liebe spricht, ist kein gelassen-objektives Urteil mehr zu erwarten. Das sollte bei den heftigen Worten Wagners über Nietzsche in seinen letzten Lebensjahren berücksichtigt werden. Die Entzweiung mit Nietzsche ist die wohl tiefste menschliche Enttäuschung in Wagners Leben gewesen – seine größte Niederlage. Freilich hat auch Nietzsche Wagner – wie er später in zahllosen Äußerungen bis in die Zeit des Wahnsinns hinein bekannt hat – wahrhaft geliebt, ja in einer Aufzeichnung aus den nachgelassenen Fragmenten von April-Juni 1885 steht der Satz: »Ich habe ihn geliebt und Niemanden sonst.«

Eine weitere Äußerung sei hier stellvertretend für viele zitiert: In wehmütigem Rückblick auf die Tribschener Jahre schreibt er am 27. April 1883, also gut zwei Monate nach Wagners Tod, an Peter Gast alias Heinrich Köselitz: »Damals liebten wir uns und hofften Alles *für einander* – es war wirklich eine tiefe *Liebe*, ohne Nebengedanken.« Ein erstaunliches Urteil des großen Entlarvungspsychologen, der es doch gerade als eine seiner Hauptaufgaben ansah, das Ressentiment hinter vermeintlich altruistischen Empfindungen aufzuspüren. Daß jene selbstlose Liebe, die er also auch Wagner durchaus zubilligt, auf dessen Seite nicht groß genug war, Nietzsches kritische Wendung gegen ihn großmütig zu überwölben – das war seine Unmögliches für möglich haltende Hoffnung –, sollte ihn tief enttäuschen und auch bei ihm die Paroxysmen abgewiesener Liebe auslösen. Das gilt in ähnlicher Weise für seine Beziehung zu Cosima, die er in seine Liebe eingeschlossen hatte, ohne daß hier eine ernsthafte erotische Attraktion zu vermuten wäre. Zwischen Cosima und Nietzsche waltete schwerlich ein wirklicher Liebeszauber. Die spätere Tristan-Parallele des schon vom Wahnsinn gezeichneten Nietzsche ist bloße Stilisierung, in der aber auch nur die Konstellation geistiger Macht, nicht des Eros wesentlich ist.

Nietzsche wurde in der Tribschener Zeit von Wagner und seiner Frau nicht nur in die Familie integriert, sondern für alle möglichen Liebesdienste in Anspruch genommen, die er, glücklich über solchen Vertrauensbeweis, stets pünktlich erledigte. Es dürfte ein Unikum in der Kulturgeschichte sein, daß einer der epochemachenden Denker der Neuzeit einem ihrer größten Künstler nicht nur geistiger Partner und Widerpart war, sondern für ihn auch eine Art Faktotum spielte, d. h. ihm alltägliche Besorgungen abnahm, für deren Erledigung Tribschen zu abgelegen war, den Druck seiner Autobiographie überwachte, Manuskripte abschrieb, seiner Frau und seinen Kindern aus Basel Konfekt, Spielzeug und Brüsseler Spitzen mitbrachte, im Hause Wagner gar den Weihnachtsbaum schmückte oder – Ostereier versteckte (wie aus Cosimas Tagebuch vom 31. März 1872 und Nietzsches Brief an Mutter und Schwester, Mitte April 1872, hervorgeht).

Kein Zweifel, Nietzsche war von der Persönlichkeit Wagners und von der urbanen Grazie seiner Frau in diesen Tribschener Jahren gänzlich bestrickt. »W. ist wirklich alles, was wir von ihm gehofft haben«, bemerkt er in einem Brief an Rohde vom 29. Mai 1869: »ein verschwenderisch reicher und großer Geist, [...] ein bezaubernd liebenswürdiger Mensch [...]. Ich muß ein Ende machen; sonst singe ich einen Päan.« Den »*größten Genius* und *größten Menschen* dieser Zeit« nennt er ihn gar in einem Brief an Paul Deussen vom 25. August 1869.

Wagner und seine Frau betrachteten Nietzsche nicht nur als willkommenen Adepten, sondern nahmen lebhaft Anteil an seinen Arbeiten zur klassischen Philologie, aus denen ihnen sein außerordentlicher geistiger Rang sofort hervorleuchtete. »Er ist jedenfalls der bedeutendste unter unseren Freunden«, bemerkt Cosima in ihrem Tagebuch vom 25. Juni 1871. Das

Erscheinen der *Geburt der Tragödie* um die Jahreswende 1871/72 bildet den emphatischen Höhepunkt der Freundschaft. »Das ist das Buch, was ich mir ersehnt habe«, äußert Wagner am 6. Januar 1872 Cosima gegenüber, und in seinem Dankbrief an Nietzsche von Anfang Januar ruft er aus: »Lieber Freund, Schöners als Ihr Buch habe ich noch nichts gelesen! Alles ist herrlich! [...] Zu Cosima sagte ich, nach ihr kämen gleich Sie: dann lange kein anderer« – also nicht einmal seine eigenen Kinder!

Am 28. Januar teilt Nietzsche Rohde mit: »Ich habe mit Wagner eine Alliance geschlossen. Du kannst Dir gar nicht denken, wie nah wir uns jetzt stehen und wie unsre Pläne sich berühren.« In den nächsten Monaten trägt er sich sogar – und zwar noch vor dem gegen die *Geburt der Tragödie* gerichteten philologischen Vernichtungsschlag der Wilamowitz-Moellendorffschen Streitschrift *zukunftsphilologie* – mit dem Gedanken, seine Professur aufzugeben und in Vorträgen vor den Wagner-Vereinen in ganz Deutschland für die Bayreuther Festspiele zu werben (an Rohde, 11. April 1872) – wovon Richard und Cosima Wagner freilich nichts wissen wollen. Sie suchen Nietzsche überhaupt, auch nach dem katastrophalen Mißerfolg der *Geburt der Tragödie* in der Fachwelt, immer wieder auf den Boden der klassischen Philologie zurückzuholen und zu verhindern, daß er seine eigenen wissenschaftlichen Aufgaben hinter der ›Öffentlichkeitsarbeit‹ für Bayreuth zurückstellt. »Die Philologie ist der feste Boden, den Sie immer wieder umfassen müssen, um Ihre Kraft zu erneuern, die in der Himmelluft der Musik und der Wassertiefe der Philosophie gar leicht sich verlieren könnte«, schreibt ihm Cosima am 22. August 1872.

Nietzsche mag die Tribschener Zeit später nostalgisch verklärt haben. Doch trotz leichter Trübungen ist der Himmel, der sich über dieser Freundschaft wölbte, in der Tat stets heiter geblieben. Zu den wenigen Wolken gehörte Wagners heftiger Unwille über Nietzsches Vegetarismus, von dem dieser sich daraufhin jedoch lossagte. Noch in *Ecce homo* nennt er sich einen »Gegner des Vegetarierthums aus Erfahrung, ganz wie Richard Wagner, der mich bekehrt hat« (»Warum ich so klug bin«, 1). Wagner selbst neigte freilich in seinen späten Regenerationsschriften dem Vegetarismus wenigstens theoretisch zu, stand ihm zumindest näher als der durch ihn ›bekehrte‹ Nietzsche. Außer solchen Differenzen verschattete es die Stimmung Wagners und seiner Frau, daß Nietzsche nicht häufiger nach Tribschen kommen wollte, ja 1871 zum erstenmal darauf verzichtete, das Weihnachtsfest mit der Wagnerschen Familie zu verbringen – womit er sich selber zweifellos den größten Schmerz zugefügt hat.

Es mag sein, daß Nietzsche schon zu dieser Zeit das Bedürfnis verspürte, sich der Wagnerschen Liebesumklammerung zu entziehen, die ihm seine Freiheit zu rauben drohte. In einem Brief an Gersdorff vom 2. März 1873 wird er von einer »gewissen für mich nothwendigen beinahe ›sanitarisch‹ zu nennenden Enthaltung von *häufigerem* persönlichen Zusammenleben« reden, durch die er sich »Freiheit« wahren müsse, gerade um die »Treue« zu Wagner »in allen Hauptsachen« und »in einem höheren Sinne« halten zu können. Diese »sanitarischen« Anwandlungen sind es aber wohl, welche Cosima Wagner schon frühzeitig (in ihren Tagebuchaufzeichnungen vom 11. Mai und 3. August 1871) einen »Verrat« Nietzsches befürchten lassen. Doch wie gesagt, das sind nur vereinzelte Wolken am heiteren Himmel der Tribschener Jahre. Ernsthaftere Konflikte tauchen erst in der Bayreuther Zeit auf, ohne auch hier bis 1876 das grundsätzlich herzliche Einvernehmen zwischen Nietzsche und den Wagners zu stören.

Bemerkenswert übrigens, daß Nietzsche die von ihm später

zum eigentlichen Grund des Zerwürfnisses stilisierte *Parsifal*-Dichtung schon seit dem ersten Weihnachtsfest in Tribschen in ihrem detaillierten Prosaentwurf von 1865 bekannt war. »Mit Pr. Nietzsche Parzival gelesen«, notiert Cosima am 25. Dezember 1868, »erneuerter furchtbarer Eindruck.« Die abgeschlossene Dichtung konnte für Nietzsche also keine Überraschung – vor allem nicht der Schock sein, den er später simuliert hat.

Das Fundament der »Allianz« zwischen Wagner und Nietzsche bildete die Entstehung der *Geburt der Tragödie aus dem Geiste der Musik* und ihrer Vorstudien. Nietzsches Beschäftigung mit der griechischen Tragödie ist durchtränkt von seiner Leidenschaft für das Wagnersche Musikdrama. Beide werden ständig ineinander gespiegelt. Die Schlußsätze des Vortrags *Das griechische Musikdrama* (1870) sind dafür symptomatisch: »viele Künste in höchster Thätigkeit und doch *ein* Kunstwerk – das ist das antike Musikdrama. Wer aber bei seinem Anblick an das Ideal des jetzigen Kunstreformators erinnert wird, der wird sich zugleich sagen müssen, daß jenes Kunstwerk der Zukunft durchaus nicht etwa eine glänzende, doch täuschende Luftspiegelung ist: was wir von der Zukunft erhoffen, das war schon einmal Wirklichkeit – in einer mehr als zweitausendjährigen Vergangenheit.«

In seinem »Versuch einer Selbstkritik« (1886) hat Nietzsche behauptet, er habe sich in der *Geburt der Tragödie* das »grandiose *griechische Problem*, wie es mir aufgegangen war«, durch »Einmischung der modernsten Dinge« – sprich: der Schopenhauer-Wagnerschen Musikästhetik – verdorben (Kap. 6). Von der Entstehungsgeschichte der Tragödienschrift her verhält es sich freilich eher umgekehrt: man könnte geradezu von einer späteren Einmischung des »griechischen Problems« in die »modernsten Dinge« reden, denn jenes Problem – die Polarität oder besser: die Dialektik des Apollinischen und Dionysischen als der eigentlich innovatorische, über Schopenhauer und Wagner hinausweisende Gedanke – taucht erst relativ spät in Nietzsches Vorstudien zu seiner Tragödienschrift auf, nämlich in dem im Sommer 1870 verfaßten Vortrag *Die dionysische Weltanschauung*.

Anläßlich der Grundsteinlegung des Festspielhauses im Mai 1872 weilt auch Nietzsche in Bayreuth. Diese Festtage sind für ihn eine der größten Glückserfahrungen seines Lebens gewesen, und er hat sie später immer wieder gegen den für ihn negativen Eindruck der Festspiele vier Jahre danach ausgespielt. Ende Mai erscheint Ulrich von Wilamowitz-Moellendorffs Pamphlet gegen die *Geburt der Tragödie* unter dem Titel *zukunftsphilologie*, der Nietzsches Engagement für die »Zukunftsmusik« ins Lächerliche zieht. Wagner schreibt einen öffentlichen Verteidigungsbrief an Nietzsche, der am 23. Juni in der Norddeutschen Allgemeinen Zeitung erscheint. Nietzsches ruinierten Ruf als Philologe hat er freilich nicht wiederherstellen können; im Wintersemester 1872/73 verlor jener sämtliche Studenten in Basel.

Die Verfemung Nietzsches von seiten der Zunftphilologie bringt ihn Wagner persönlich noch näher. Dieser ergeht sich – »tief davon affiziert« – in abenteuerlichen Plänen, wie man das lädierte wissenschaftliche Ansehen des Freundes wiederherstellen könnte: »von Bismarck eine Berufung nach Berlin erzwingen« u. ä. (Cosima, 9. November 1872). Nicht nur um Nietzsches Ruf als Philologe, auch wegen seiner sich verschlechternden Gesundheit und charakterlichen Verdüsterung (daß er »sich vergrämelt«, wie Cosima sich ausdrückt) macht man sich in ›Wahnfried‹ Sorgen: »Er muß heiraten oder eine Oper schreiben«, äußert Wagner gegenüber Cosima (4. April 1874) und wiederholt diesen Vorschlag in einem herzlich-polternden Brief am 6. April. »Das Heiraten halte ich für besser«, setzt er dort freilich hinzu.

Trotz solcher Anteilnahme an Nietzsches beruflichem und persönlichem Befinden häufen sich Mißstimmungen in der Villa Wahnfried, die nicht zuletzt durch Nietzsches zunehmende Abstinenz von privaten Kontakten mit dem Hause Wagner ausgelöst werden. Auch »verdrießt« Wagner und Cosima »ein wenig die musizierende Spielerei unseres Freundes« (Cosima, 11. April 1873), d. h. sein dilettantischer Ehrgeiz als Komponist, den beide anfänglich noch mit Wohlwollen und freundlichen Urteilen aufgenommen hatten. Trotz der mehr oder weniger untergründigen Differenzen hält Nietzsche Wagner und dem Bayreuther Unternehmen uneingeschränkte Treue. Sie drückt sich zumal in seinem *Mahnruf an die Deutschen* aus, einem Aufruf zugunsten Bayreuths, den er im Oktober 1873 den Delegierten der Patronatsvereine in Bayreuth vorlegt.

Nietzsches nachgelassene Aufzeichnungen der Jahre 1874/75 dokumentieren zum erstenmal die zunehmende Distanz zu Persönlichkeit und Werk Wagners. Sie enthalten schon viele Argumente der späteren polemischen Schriften, freilich noch ohne die grellen Zuspitzungen der letzten Antiwagneriana. Auch die Charakterschwächen Wagners werden zum erstenmal benannt: daß er »keine andre Individualität« neben sich gelten läßt (z. B. Brahms), die »Neigung zu Pomp und Luxus«, der »Tyrannensinn für das *Colossale*«, die »Unbändigkeit und Maaßlosigkeit« im alltäglichen Verhalten, von der freilich seine Disziplin als Künstler absteche, seine fragwürdige Anhängerschaft und nicht zuletzt die Judenfeindschaft. Die meisten dieser kritischen Aufzeichnungen sind Vorstudien zur vierten der *Unzeitgemäßen Betrachtungen: Richard Wagner in Bayreuth*, die erst 1876 fertiggestellt wird. In der abgeschlossenen

Schrift fehlen die kritischen Akzente, die Nietzsche der ursprünglichen Konzeption nach durchaus zu setzen gedachte, so gut wie ganz. Die vierte *Unzeitgemäße* ist ihrem Charakter nach eine echte »Festrede«, wie Nietzsche selbst wiederholt sagt. Er redet hier vielfach mit fremder Zunge, zumal mit derjenigen Wagners. Man spürt jedenfalls, mit den kritischen Aphorismen von 1874/75 im Ohr, das ein wenig Fassadenhafte dieser offiziösen Wagner-Analyse Nietzsches.

Dieser hat die Festspiele von 1876, zu deren Verherrlichung seine Schrift beitragen sollte – das Bayreuther Unternehmen wird dort gar »die erste Weltumseglung im Reiche der Kunst« (Kap. 1) genannt –, später zur Peripetie in seiner Beziehung zu Wagner stilisiert, als sei es ihm bei diesem Ereignis plötzlich wie Schuppen von den Augen gefallen und klar geworden, daß der ›überdeutsche‹ Künstler Wagner längst von sich selber abgefallen, zu einem ›Wagnerianer‹ geworden sei. »*Was war geschehen?* – Man hatte Wagner ins Deutsche übersetzt! Der Wagnerianer war Herr über Wagner geworden – Die *deutsche* Kunst! der *deutsche* Meister! das *deutsche* Bier!« (*Ecce homo*, »Menschliches, Allzumenschliches«, 2).

Dieser späten Stilisierung ist freilich mit Skepsis zu begegnen, war es doch vor allem Nietzsches schlechter Gesundheitszustand, der ihn zu seiner »Flucht« aus Bayreuth während der Festspielproben zwang. »Es geht nicht mit mir, das sehe ich ein!« schreibt er angesichts seiner schweren Migräneanfälle am 1. August an seine Schwester. »Fortwährender Kopfschmerz [...] und Mattigkeit. Gestern habe ich die Walküre nur in einem dunkeln Raume mit anhören können; alles Sehen unmöglich! [...] Mir graust vor jedem dieser langen Kunst-Abende; und doch bleibe ich nicht weg.« Fünf Tage später flüchtet er gleichwohl an den Kurort Klingenbrunn. Von dort schreibt er am 6. August an die Schwester: »Ich muß alle Fassung zusammen nehmen, um die grenzenlose Enttäuschung dieses Sommers zu ertragen. Auch meine Freunde werde ich nicht sehen; es ist alles jetzt für mich Gift und Schaden.«

Das Wort von der ›grenzenlosen Enttäuschung‹ ist freilich doppelsinnig. Hinter der Desperation Nietzsches über sein physisches Unvermögen, die langen Aufführungen durchzustehen, deutet sich die Desillusionierung durch die Gestalt der Festspiele selber an, welche sich mit ihrem gesellschaftlichen Trubel von Nietzsches »Ideal«, wie es beim Fest der Grundsteinlegung vier Jahre zuvor so hell aufgeleuchtet hatte, in seinen migräneumflorten Augen beträchtlich entfernt hatten.

1876/77 wird Nietzsche von der Universität Basel beurlaubt, um seine zerrüttete Gesundheit wiederherzustellen. Er setzt seine Hoffnung auf einen längeren Aufenthalt in einer milderen Klimazone während der kalten Jahreszeit. Malwida von Meysenbug bietet sich als Begleiterin und Betreuerin an und schlägt als Aufenthaltsort die Villa Rubinacci in Sorrent vor. Der neugewonnene Freund Paul Rée schließt sich an. In Sorrent kommt es im November/Dezember 1876 zur letzten persönlichen Begegnung mit Cosima und Richard Wagner.

Das äußere Datum des Zerwürfnisses zwischen Wagner und Nietzsche ist das Eintreffen des ersten Teils von *Menschliches, Allzumenschliches* in Bayreuth am 25. April 1878. Knapp vier Monate zuvor hatte Wagner Nietzsche den Privatdruck der *Parsifal*-Dichtung gesandt, mit einer Widmung, in der er seinem Namen unter Anspielung auf den christlichen Gehalt seines letzten Werks scherzhaft die Amtsbezeichnung »Ober-Kirchenrath« beifügte. (Nietzsche hat diese Bezeichnung freilich ernst genommen. Wagner wurde mit dem *Parsifal* für ihn wirklich einer der »Priester«, gegen die sich die Predigt Zarathustras im zweiten Teil seiner philosophischen Dichtung wenden wird.)

Nietzsche hat in *Ecce homo* von einer ominösen »Kreuzung der zwei Bücher« gesprochen – »ein Wunder von Sinn im Zufall«. »Klang es nicht, als ob sich *Degen* kreuzten?« Das ist natürlich eine stilisierende Verrückung der Fakten, lag doch der *Parsifal*-Text schon seit mehr als einem Vierteljahr auf Nietzsches Schreibtisch, und er kannte dessen detaillierten Prosaentwurf ja schon seit Weihnachten 1869. (Noch am 10. Oktober 1877 schrieb er Cosima: »Die herrliche Verheißung des Parcival mag uns in allen Dingen trösten, wo wir Trost bedürfen.«) Um so erstaunlicher ist die reservierte Haltung gegenüber der Dichtung Anfang des nächsten Jahres. In einem Brief an Reinhart von Seydlitz vom 4. Januar 1878 wird der »Eindruck des ersten Lesens« wiedergegeben: »mehr Liszt als Wagner, Geist der Gegenreformation«. Freilich seien die Situationen und ihre Folge »von der höchsten Poesie« und »eine letzte Herausforderung der Musik« – von der er natürlich noch keine Vorstellung haben kann.

Enthält Nietzsches Urteil über die *Parsifal*-Dichtung bei aller Reserve doch einiges Lob, so fällt dasjenige Wagners über *Menschliches, Allzumenschliches* vier Monate später vernichtend aus. Sein Aufsatz *Publikum und Popularität* im Augustheft der Bayreuther Blätter enthält im dritten Absatz eine Polemik gegen ungenannte Repräsentanten der »Wissenschaft«, welche »auf uns Künstler, Dichter und Musiker, als die Spätgeburten einer verrotteten Weltanschauungs-Methode herabblicken« und nun das rein naturwissenschaftliche oder historische »Erkennen« an die Stelle von »metaphysischen Allotrien« setzen wollen – bis »das rein erkennende Subjekt, auf dem Katheder sitzend, allein als Existenzberechtigt übrig bleibt. Eine würdige Erscheinung am Schlusse der Welt-Tragödie!« Daß hier

Nietzsche getroffen werden sollte, hat dieser schmerzlich gespürt.

Das Jahr 1882 versetzt Nietzsche aufgrund der zweiten Bayreuther Festspiele mit der Uraufführung des *Parsifal* noch einmal in höchste kritische Aufregung. Schweren Herzens versagt er sich die Reise nach Bayreuth, doch Zarathustra verbietet die Begegnung mit seiner Gegenfigur Parsifal: »Mein Sohn Zarathustra mag Ihnen verrathen haben, was sich in mir bewegt« (an Heinrich von Stein, 22. Mai 1884). Freilich studiert er den Klavierauszug des *Parsifal.* Sein Urteil fällt fast uneingeschränkt negativ aus. Als er freilich Anfang 1887 in Monte Carlo das Vorspiel zu Wagners »Weltabschiedswerk« zum erstenmal hört, stellt er sein bisheriges Urteil zumindest in musikalischer Hinsicht auf den Kopf. »Hat Wagner je Etwas *besser* gemacht?« fragt er in seinem Brief an Peter Gast vom 21. Januar 1887 und läßt eine panegyrische Beschreibung des Wagnerschen Spätstils folgen.

Die Uraufführung des *Parsifal* ist für Nietzsche gleichwohl die endgültige Wegscheide zwischen Wagner und ihm selber gewesen. Die Arbeit am *Zarathustra* und die Pläne zu seinem gescheiterten philosophischen Hauptwerk (»Der Wille zur Macht«) führen ihn in den nächsten Jahren weit von der Bayreuther Welt fort. Der Tod Wagners am 13. Februar 1883 bedeutet jedoch noch einmal einen tiefen Einbruch in Nietzsches emotionale Welt. Die Todesnachricht hat ihn buchstäblich aufs Krankenbett geworfen. »W[agner]s Tod hat mir fürchterlich zugesetzt«, schreibt er am 21. Februar 1883 an Malwida von Meysenbug; »ich bin zwar wieder aus dem Bett, aber keineswegs aus der Nachwirkung heraus. – Trotzdem glaube ich, daß dies Ereigniß, auf die Länge hin gesehn, eine Erleichterung für mich ist. Es war hart, sehr hart, sechs Jahre lang Jemandem Gegner sein zu müssen, den man so verehrt und geliebt hat, wie ich W[agner] geliebt habe; ja, und selbst als Gegner sich zum Schweigen verurtheilen müssen – um der Verehrung willen, die der Mann als *Ganzes* verdient.«

Nietzsche entschließt sich zu einem Kondolenzschreiben an Cosima, das nicht erhalten ist und von dem wir nicht einmal wissen, ob die Adressatin es je gelesen hat. Dazu liegen drei Entwürfe vor. Sie offenbaren sich als letzter, schmerzlich-desperater Versuch einer Wiederannäherung an die einstige Freundin. In allen dreien wird sie »die bestverehrte Frau, die es in meinem Herzen giebt«, genannt. Nietzsche hat zweifellos das Wesen der Beziehung Cosimas zu Wagner in seiner ganzen Tiefe erfaßt: die Einheit der Liebe zu dem sterblichen Menschen Wagner und der Hingabe an das von ihm verkörperte unsterbliche »Ideal«. Er schreibt: »Sie haben Einem Ziele gelebt und ihm jedes Opfer gebracht; über den Menschen hinaus empf[anden] Sie das Ideal dieses Einen, und ihm, welches nicht stirbt, gehören Sie, gehört Ihr Name für immer [...] und über die Liebe jenes Menschen hinaus erfaßten Sie das Höchste, was *seine* Liebe und *seine* Hoffnung erdachten: *Dem* dienten Sie, *Dem* gehören Sie und Ihr Name für immerdar – dem was nicht mit einem M[enschen] stirbt, ob es schon in ihm geboren wurde.«

Ist es aber nicht dieses Ideal, das nicht stirbt und angesichts dessen alle fragwürdigen Elemente des sterblichen Menschen Wagner wesenlos werden, mit dem auch Nietzsche seinen eigenen Namen verbunden sehen möchte? Ist das nicht die geheime Botschaft, die Nietzsche Cosima senden möchte, das Vorzeichen, unter dem sich die Wiederannäherung anbahnen könnte? Cosima vermochte jedoch diese Treue Nietzsches zu Wagners »Ideal«, das ihn – so seine desperate Hoffnung – mit ihr verbinden sollte, nicht mehr zu erkennen. Seine Versöhnungssignale gingen ins Leere.

In der folgenden Zeit hat Nietzsche in Cosima nicht zu Unrecht mehr und mehr die verhängnisvolle Repräsentantin des Wagnerianismus gesehen, der über den eigentlichen Wagner Herr geworden sei. In einer Aufzeichnung um die Jahreswende 1887/88 wirft er ihr vor, »daß sie Wagnern *verdorben* hat«. Parsifal sei nicht zuletzt eine »Geschmacks-Condescenz W[agner]s zu den katholischen Instinkten seines Weibes, der Tochter Liszt's« – Ausdruck »jener ewigen *Feigheit* des Mannes vor allem ›Ewig-Weiblichen‹«. Gleichwohl nennt Nietzsche sie »das einzige Weib größeren Stils, das ich kennen gelernt habe«. Zeitlebens hat er ihr, wie noch seine letzten Äußerungen bis in den Wahnsinn hinein zeigen, eine Verehrung bewahrt wie keiner anderen Frau in seinem Leben.

Trotz der geradezu physischen Erschütterung Nietzsches über Wagners Tod erklingen in seinen Briefen aus dieser Zeit recht aggressive Töne. Overbeck schreibt er am 22. Februar: »*Wagner* war bei weitem der *vollste* Mensch, den ich kennen lernte, und in *diesem* Sinne habe ich seit sechs Jahren eine große Entbehrung gelitten. Aber es giebt etwas zwischen uns Beiden wie eine tödtliche Beleidigung; und es hätte furchtbar kommen können, wenn er noch länger gelebt haben würde.« Was mit der »tödlichen Beleidigung« gemeint ist, geht aus dem schon zitierten Brief Nietzsches an Malwida von Meysenbug vom 21. Februar 1883 hervor, der erst 1980 entdeckt worden ist. »W[agner] hat mich auf eine *tödtliche* Weise beleidigt – ich will es Ihnen doch sagen! – sein langsames Zurückgehn und -Schleichen zum Christenthum und zur Kirche habe ich als einen persönlichen Schimpf für mich empfunden: meine ganze Jugend und ihre Richtung schien mir befleckt, insofern ich einem Geiste, der dieses Schrittes fähig war, gehuldigt hatte.« Durch diesen Brief sind alle Spekulationen widerlegt, die das Wort von der tödlichen Beleidigung mit einem vertraulichen (Nietzsche durch eine Indiskretion später indirekt bekanntgewordenen) Brief Wagners an den Arzt Otto Eiser im Oktober 1877 in Verbindung gebracht haben. Der um das Wohl seines jungen Freundes ernsthaft besorgte Wagner hatte, der bekannten medizinischen Irrlehre seiner Zeit folgend, Eiser gegenüber die Vermutung ausgesprochen, Nietzsches Krankheitssymptome seien »Folgen der Onanie«. Das soll die tödliche Beleidigung gewesen sein. Der Brief an Malwida von Meysenbug beweist jedoch unwiderleglich, daß mit ihr nichts als Wagners vermeintlicher Kniefall vor Kreuz und Kirche gemeint ist. »Weh! Daß auch du am *Kreuze* niedersankst, / Auch du! Auch du – ein Überwundener!« heißt es in dem Gedicht *An Richard Wagner* (Herbst 1884). »Vor diesem Schauspiel steh' ich lang / Gefängniß athmend, Gram und Groll und Gruft, / Dazwischen Weihrauch-Wolken, Kirchen-Huren-Duft.« War das alles für Nietzsche aber wirklich so neu? Hat er nicht einst geschrieben, ihm behage an Wagner »die ethische Luft, der faustische Duft, Kreuz, Tod und Gruft«?

Der Tod Wagners hat Nietzsche der Verpflichtung enthoben, seinen Namen in den publizierten Schriften auszusparen. In *Jenseits von Gut und Böse* (1886), dem fünften Buch von *Die fröhliche Wissenschaft* (1887) und *Zur Genealogie der Moral* (1887) wird er nun ungeschützt kritisch behandelt. Das Wagner am entschiedensten entgegengesetzte Werk vor *Der Fall Wagner* nennt seinen Namen freilich kein einziges Mal, kann ihn nicht nennen, weil es eine Ideendichtung mit fiktionalisierten Gestalten ist: *Also sprach Zarathustra* (1883-85). Nietzsche hat in seinem Hang zur symbolischen Verknüpfung äußerer Ereignisse den Tod Wagners in eine ›ominöse‹ Verbindung mit dem Abschluß des ersten Teils des *Zarathustra* gebracht: »die Schlusspartie [...] wurde genau in der heiligen Stunde fertig gemacht, in der Richard Wagner in Venedig starb«, wird es in *Ecce homo* heißen

(»Also sprach Zarathustra«, 1). Wagners Tod wird von Nietzsche zum Ende der alten Kultur stilisiert, aus deren Asche der Phönix der neuen Kultur entsteht, der »höhere Mensch« geboren wird. Sein Tod spiegelt den Tod der Götter, aus dem nach der Lehre Zarathustras der »Übermensch« hervorgehen soll. *Zarathustra* ist der Gegenentwurf zur Welt des späten Wagner – Nietzsches ›Anti-Parsifal‹.

Ende September 1888 erscheint *Der Fall Wagner*. In ihren zwölf Kapiteln bringt diese polemische Schrift gegenüber Nietzsches früheren Aphorismen und nachgelassenen Aufzeichnungen kaum wesentliche neue Einsichten in die Eigenart Wagners. Er überträgt seine Kritik nun in eine satirische Sprache, die zwischen ätzendem Witz und bloßer Schmähsucht schwankt. Doch dicht neben insipidesten Schmähungen Wagners (»einfach schlechte Musik, die schlechteste überhaupt, die vielleicht gemacht worden ist«; Kapitel 8) stehen unvergleichliche Passagen, die seinen »Reichthum an Farben, Halbschatten, an Heimlichkeiten absterbenden Lichts«, seine Kunst »in der Erfindung des Kleinsten, in der Ausdichtung des Détails« rühmen oder ihn als »grössten Miniaturisten« und »grössten Melancholiker« der Musikgeschichte beschreiben (Kap. 7). Weit wichtiger als diese zwölf Kapitel sind freilich die beiden »Nachschriften« und vor allem der »Epilog«, die am Beispiel Wagners eine »Diagnostik der modernen Seele« versuchen, deren Kern die Décadence-Analyse ist. Das Wesentlichste steht also im Anhang! »*Woran* ich leide, wenn ich am Schicksal der Musik leide?« fragt Nietzsche zu Beginn des Kapitels über *Der Fall Wagner* in *Ecce homo*. »Daran, dass die Musik um ihren weltverklärenden, jasagenden Charakter gebracht worden ist, – dass sie décadence-Musik und nicht mehr die Flöte des Dionysos ist...«

Daß die Kunst des Verfalls von Nietzsche freilich nicht nur

negativ gesehen worden ist, zeigt seine leidenschaftliche Zuwendung zu dem Décadence-Werk schlechthin: zu *Tristan und Isolde* gerade in den letzten Tagen seines bewußten Lebens. »Ich suche heute noch nach einem Werke von gleich gefährlicher Fascination, von einer gleich schauerlichen und süssen Unendlichkeit, wie der Tristan ist, – ich suche in allen Künsten vergebens. Alle Fremdheiten Lionardo da Vinci's entzaubern sich beim ersten Tone des Tristan«, schreibt er im sechsten Abschnitt des Kapitels »Warum ich so klug bin« in *Ecce homo*. Wagner nennt er nun »den grossen Wohlthäter meines Lebens. Das, worin wir verwandt sind, dass wir tiefer gelitten haben, auch an einander, als Menschen dieses Jahrhunderts zu leiden vermöchten, wird unsre Namen ewig wieder zusammenbringen; und so gewiss Wagner unter Deutschen bloss ein Missverständnis ist, so gewiss bin ich's und werde es immer sein.« Das klingt wie ein geistiges Testament, und man kann verstehen, daß Nietzsche danach nicht wieder in den alten polemischen Ton zurückfallen wollte und die Sammlung seiner wagnerkritischen Äußerungen in der Schrift *Nietzsche contra Wagner* schließlich nicht mehr für den Druck bestimmte. *Ecce homo* sollte sein abschließendes Wort über Wagner sein.

Dieser ist wirklich »der erste Name der in *Ecce homo* vorkommt« (an Peter Gast, 31. Dezember 1888) – aber nicht nur er, auch »Frau Cosima« erfährt hier ihre letzte Huldigung. »Die wenigen Fälle hoher Bildung, die ich in Deutschland vorfand, waren alle französischer Herkunft, vor Allem Frau Cosima Wagner, bei weitem die erste Stimme in Fragen des Geschmacks, die ich gehört habe...« (»Warum ich so klug bin«, 3). Auf demselben Manuskriptblatt, das die Vorstufe zu der »ungeheuren Seite« über *Tristan* enthält, die Nietzsche Peter Gast in seinem Brief vom 31. Dezember ankündigt, findet sich der vom Wahnsinn gezeichnete Entwurf eines Begleitschreibens an Cosima: »Verehrte Frau, im Grunde die einzige Frau, die ich verehrt habe – lassen Sie es sich gefallen, das erste Exemplar dieses Ecce homo entgegenzunehmen. Es wird da im Grunde alle Welt schlecht behandelt, Richard Wagner ausgenommen – und noch Turin. [...] Der Antichrist.«

Wagners Kunst sei »die große Liebesleidenschaft von Nietzsches Leben gewesen«, schreibt Thomas Mann in *Leiden und Größe Richard Wagners* (1933). Nicht nur das, Wagner selbst ist von Nietzsche – er hat es immer wieder gestanden – wie kein anderer Mensch geliebt worden. Man geht nicht zu weit, wenn man behauptet, daß die Auseinandersetzung mit ihm – in ihrer ganzen Spannungsweite von glühender Affirmation bis zu fast haßerfüllter Negation – das Zentrum von Nietzsches Denken gewesen ist. Nur so ist erklärbar, daß die Temperatur seiner Wertung bis zuletzt zwischen glühender Hitze und eisiger Kälte schwankt. Die Kluft zwischen unanfechtbarem »Ideal« und allzu anfechtbarer Wirklichkeit war für Nietzsche das große Skandalon des »Falls Wagner«. Er hat sie nur in seltenen traumhaften Glücksmomenten seines Lebens und seiner ästhetischen Erfahrung zu überbrücken vermocht – oder eben in jener Vision der »Sternen-Freundschaft« (*Die fröhliche Wissenschaft*, 279), welche die bewegendste Formel für seine Beziehung zu Wagner war: »Es giebt wahrscheinlich eine ungeheure unsichtbare Kurve und Sternenbahn, in der unsere so verschiedenen Straßen und Ziele als kleine Wegstrecken *einbegriffen* sein mögen, – erheben wir uns zu diesem Gedanken! [...] Und so wollen wir an unsere Sternen-Freundschaft *glauben*, selbst wenn wir einander Erden-Feinde sein müssten.«

Zur vorliegenden Collage

Die Beziehung zwischen Nietzsche, Cosima und Richard Wagner in einer szenischen Lesung lebendig werden zu lassen, war die Absicht einer Collage aus authentischen Schriften, Dichtungen, Notizen, Briefen, Tagebuch- und Gesprächsaufzeichnungen, die am 5. Mai 1996 im Theater der Stadt Heidelberg mit Dietrich Fischer-Dieskau in der Doppelrolle des Erzählers und Richard Wagners, Anja Höfer als Cosima Wagner und Dieter Borchmeyer als Nietzsche zum erstenmal aufgeführt wurde. Diese Collage wird hier im wesentlichen unverändert abgedruckt. Die Texte sind aus dramaturgischen Gründen gerafft, segmentiert, bisweilen leicht verändert und in einen szenischen Zusammenhang gebracht, bei dem es nicht um Vollständigkeit und schon gar nicht um philologische Exaktheit ging, sondern darum, eine der kulturhistorisch bedeutsamsten Dreierbeziehungen des 19. Jahrhunderts als dramatische Konstellation zu vergegenwärtigen. Diese Collage ist das geistige Eigentum des Verfassers und urheberrechtlich geschützt.

Die wichtigste Quellengrundlage ist die vom Verfasser zusammen mit Jörg Salaquarda erstellte und mit einem ausführlichen Nachwort, Chronik und Register versehene Dokumentation *Nietzsche und Wagner. Stationen einer epochalen Begegnung*, die 1994 im Insel Verlag Frankfurt am Main und Leipzig in zwei Bänden erschienen ist. Der Originalwortlaut der in dieser Collage benutzten Texte kann dort nachgelesen werden. Weitere wichtige Editionen, denen der Verfasser Texte entnommen hat, sind der von Dietrich Mack herausgegebene Band *Cosima Wagner. Das zweite Leben* (München 1980) sowie von den Wagner-Briefausgaben vor allem die Auswahl von Hanjo Kesting: *Richard Wagner. Briefe* (München 1983). Darüber hinaus wurde verschiedentlich auch auf Wagners *Gesammelte Schriften und Dichtungen* (Leipzig 1871-1883), die *Kritische Gesamtausgabe* Nietzsches von Giorgio Colli und Mazzino Montinari (Berlin/New York 1967 ff.) und auf die *Tagebücher* Cosima Wagners, ediert und kommentiert von Martin Gregor-Dellin und Dietrich Mack (München 1976/77) zurückgegriffen.

Zeittafel

Richard Wagner *Leipzig 22. Mai 1813, †Venedig 13. Februar 1883.
Cosima Wagner, geb. Liszt, gesch. von Bülow *Como 24. Dezember 1837, †Bayreuth 1. April 1930.
Friedrich Nietzsche *Röcken bei Lützen 15. Oktober 1844, †Weimar 25. August 1900.

8. November 1868: Nietzsche lernt im Hause des Orientalisten Hermann Brockhaus Richard Wagner kennen.
17. Mai 1869: Nietzsches erster Besuch im Hause Wagner in Tribschen bei Luzern.
5./6. Juni 1869: Während des zweiten Besuchs von Nietzsche in Tribschen wird Siegfried (gen. Fidi) Wagner geboren.
21.–23. August, 28./29. August, 18./19. September, 13./14. November 1869: Weitere Besuche Nietzsches in Tribschen.
24. Dezember 1869-2. Januar 1870: Nietzsche verbringt die Weihnachtsferien in Tribschen.
12./13. Februar, 11./12. Juni 1870: Besuche Nietzsches in Tribschen (der letztere in Begleitung von Erwin Rohde).
28.–30. Juli 1870: Nietzsche mit seiner Schwester Elisabeth in Tribschen. Er erhält von der Basler Behörde Urlaub, um als Krankenpfleger am deutsch-französischen Krieg teilzunehmen. Nach der Ausbildung und 14tägigem Dienst als Begleiter von Krankentransporten erkrankt Nietzsche selbst an Ruhr und Diphterie.
25. August 1870: Richard und Cosima Wagner werden kirchlich (protestantisch) getraut, nachdem Hans von Bülow in seine Scheidung von Cosima eingewilligt hat.
24. Dezember 1870: Nietzsche verbringt das Weihnachtsfest wieder in Tribschen und wohnt der Uraufführung des von Wagner für Cosimas Geburtstag einstudierten *Siegfried-Idylls* (Tribschener Idylls) bei.
3.–8. April 1871: Nietzsche in Tribschen.
15. Mai 1871: Bei der Rückkehr von einer Deutschlandreise treffen Richard und Cosima Wagner mit Nietzsche in Basel zusammen.

22. Mai 1871: Nietzsche aus Anlaß von Wagners 58. Geburtstag in Tribschen.
28./29. Mai 1871 (Pfingsten): Nietzsche mit seiner Schwester und F. Brockhaus in Tribschen.
31. Juli – 3. August 1871: Nietzsche zusammen mit von Gersdorff und F. Brockhaus in Tribschen.
27./28. Oktober: Nietzsche in Tribschen.
18. Dezember 1871: Anläßlich eines von Wagner dirigierten Konzertes weilt Nietzsche als »Cosimas Kavalier« in Mannheim.
21. Dezember 1871: Nietzsche kehrt nach Basel zurück; dort verbringt er einen Abend mit dem Ehepaar Wagner.
24. Dezember 1871: Da Nietzsche aus Arbeitsgründen darauf verzichtet, das Weihnachtsfest in Tribschen zu verbringen, schickt er seine Komposition *Sylvesternacht* als Weihnachts- und Geburtstagsgabe an Cosima Wagner.
Januar 1872: Erscheinen von Nietzsches Erstlingsschrift *Die Geburt der Tragödie aus dem Geiste der Musik.* Begeisterte Aufnahme in Tribschen.
20./21. Januar 1872: Besuch Nietzsches in Tribschen, bei dem er seine *Sylvesternacht* selbst »sehr schön vorspielt« (Cosima).
24. Januar 1872: Wagner trifft mit Nietzsche in Basel zusammen.
18. Februar 1872: Nietzsche wieder in Tribschen.
28. März – 1. April 1872: Nietzsche verbringt das Osterfest in Tribschen.
25. April 1872: Abschiedsbesuch in Tribschen bei Cosima und den Kindern. (Wagner ist schon am 22. April nach Bayreuth abgereist.)
18.–23. Mai 1872: Nietzsche mit Rohde und von Gersdorff beim Fest der Grundsteinlegung des Bayreuther Festspielhauses in Bayreuth (»die glücklichsten Tage, die ich gehabt habe«; an von Gersdorff, 5. April 1873).
23. Juni 1872: In der Norddeutschen Zeitung erscheint Wagners offener Brief an Nietzsche über das Ende Mai erschienene Pamphlet von Wilamowitz-Moellendorff gegen die *Geburt der Tragödie.*
Ende Juni 1872: Nietzsche erlebt *Tristan* unter Hans von Bülow in München (»der erhabenste Kunsteindruck meines Lebens«; an Bülow, 20. Juli).

22.–24. November 1872: Zusammentreffen Nietzsches mit Wagners in Straßburg.
24. Dezember 1872: Statt seines Besuchs in Bayreuth schickt Nietzsche Cosima als Geburtstags- und Weihnachtsgeschenk *Fünf Vorreden zu fünf ungeschriebenen Büchern*.
6.–12. April 1873: Nietzsche zusammen mit Rohde in Bayreuth. Er liest an mehreren Abenden seine Abhandlung *Die Philosophie im tragischen Zeitalter der Griechen* vor.
22. Oktober 1873: Nietzsche verfaßt seinen *Mahnruf an die Deutschen* zugunsten des Bayreuther Unternehmens. Sein Aufruf wird von den Delegierten der Festspiel-Patronatsvereine bei ihrer Versammlung in Bayreuth jedoch als zu kühn in der Wortwahl abgelehnt.
4.–15. August 1874: Nietzsche in Bayreuth.
Juli/August 1875: *Ring*-Proben in Bayreuth. Nietzsche fehlt mit Rücksicht auf seine Gesundheit. Der Kontakt zu Bayreuth ist weitgehend unterbrochen.
Juli 1876: Nietzsches *Richard Wagner in Bayreuth* (die vierte seiner *Unzeitgemäßen Betrachtungen*) erscheint. Am 23. Juli trifft Nietzsche zur Teilnahme an den ersten Festspielen in Bayreuth ein.
6.–12. August 1876: Aufgrund seines schlechten Gesundheitszustandes während der Proben »Flucht« Nietzsches nach Klingenbrunn. Rückkehr zur Teilnahme am ersten *Ring*-Zyklus am 12. August. Am 27. August Rückkehr nach Basel.
Herbst 1876: Der von der Universität Basel zur Wiederherstellung seiner Gesundheit beurlaubte Nietzsche verbringt den Herbst und Winter mit Malwida von Meysenbug und Paul Rée in Sorrent. Dort kommt es zur letzten Begegnung mit Richard und Cosima Wagner.
Oktober 1877: Briefwechsel Wagners mit Nietzsches Arzt Otto Eiser.
3. Januar 1878: Nietzsche erhält Wagners *Parsifal*-Dichtung (»mehr Liszt als Wagner, Geist der Gegenreformation«; an von Seydlitz, 4. Januar).
Mai 1878: Nietzsche sendet *Menschliches, Allzumenschliches* an Wagners. Negative Reaktion in Bayreuth, vor allem von seiten Cosimas.
August 1878: In den Bayreuther Blättern veröffentlicht Wagner seinen

Artikel *Publikum und Popularität*, in dessen drittem Abschnitt er Nietzsche ohne Namensnennung attackiert.

1879: Ein in Bayreuth unternommener Versöhnungsversuch von Elisabeth Nietzsche scheitert nicht zuletzt an Cosima. Die Nachricht von Nietzsches krankheitsbedingter Amtsniederlegung erregt jedoch auch bei Wagners Mitleid.

Juli/August 1882: Zweite Bayreuther Festspiele mit der Uraufführung des *Parsifal*. Nietzsche überläßt die ihm aufgrund seines »Patronatsscheins« zustehenden Karten seiner Schwester, die mit Lou Salomé (der Nietzsche zuvor den *Parsifal*-Klavierauszug erläutert hat) zu den Festspielen fährt. Cosima empfängt beide, will aber von einer Versöhnung mit Nietzsche weiterhin nichts wissen.

13. Februar 1883: Wagners Tod in Venedig. Erschütterung und doch »Erleichterung« Nietzsches. Kondolenzbrief an Cosima.

Januar 1887: Nietzsche hört in Monte Carlo zum erstenmal das *Parsifal*-Vorspiel (»hat Wagner je etwas besser gemacht?«; an Peter Gast, 21. Januar).

1888: Entstehung und Erscheinen von Nietzsches Streitschrift *Der Fall Wagner*. Ende des Jahres wird das Druckmanuskript von *Nietzsche contra Wagner* fertiggestellt.

2. Januar 1889: Nietzsche verfügt endgültig, daß *Nietzsche contra Wagner* nicht publiziert werden soll.

3. Januar 1889: Nietzsches paralytischer Zusammenbruch. Wahnsinnszettel an Cosima.

Bildnachweis

Archiv für Kunst und Geschichte, Berlin: S. 9, 54
Bildarchiv Preußischer Kulturbesitz, Berlin: S. 13
Archiv Insel Verlag, Frankfurt am Main: S. 53
Nationalarchiv der Richard-Wagner-Stiftung, Bayreuth: S. 11, 16, 21, 31, 46, 48, 60, 62
Stiftung Weimarer Klassik, Weimar: S. 65
Süddeutscher Verlag, München: S. 55

Inhalt